ROBERTO SCHELL

Was ißt Europa

EINE KULINARISCHE TOUR D'HORIZON

MIT TEXTEN VON

HANS MAGNUS ENZENSBERGER

UND PHOTOGRAPHIEN

VON WILLI MEISTER

CHRISTIAN BRANDSTÄTTER VERLAG

Vorwort

Großgünstige Leserin, geneigter Leser –

So, Sie haben schon ein ganzes Brett in Ihrem Küchenregal mit Kochbüchern vollgestellt? Eines über die Toscana, eines über arabische Nachspeisen, eins über Fusion Kitchen und so weiter... Wir gratulieren.

Aber warum schlagen wir Ihnen dann noch eine weitere Lektüre vor?

Weil wir Europäer und Liebhaber aus anderen Weltgegenden zu einer kulinarischen Rundreise durch unseren Kontinent einladen möchten, und zwar ganz fern von den herrschenden Launen und Moden. Nicht nur einfallsreich soll es sein, sondern auch solide und praktikabel.

Zugegeben, der ganze Reichtum unserer nationalen Küchen läßt sich nie und nimmer in einem einzigen Band darstellen. Deshalb hat sich Roberto Schell für jedes Land ein typisches Menu ausgedacht, von der Vorspeise bis zum Dessert, samt den dazugehörigen Getränken.

Allein für die französische und italienische Küche gibt es Ratgeber und Rezeptbücher in reicher Auswahl. Aber was ist mit Portugal und Finnland, mit Irland und Belgien? Da sind noch viele Entdeckungen zu machen.

Roberto Schell ist ein professioneller Koch. Jedes einzelne Menu ist vielfach erprobt. Der Autor begnügt sich nicht mit spärlichen Anweisungen, jeder Arbeitsschritt wird genau beschrieben und mit opulenten Photographien von Willi Meister bebildert. Hans Magnus Enzensberger steuert zur Einstimmung für jedes Land eine kleine Charakteristik bei.

Man wird in diesem Buch Mahlzeiten aus den folgenden Ländern (oder Gegenden) finden: Deutschland, Spanien, Schweden, Frankreich, Ungarn, Finnland, Italien, Irland, Dänemark, den Niederlanden, Portugal, der Schweiz, Norwegen, Polen, Griechenland, Österreich, Belgien, England und Dalmatien. Nicht Vollständigkeit ist beabsichtigt, sondern verführerische Vielfalt.

Inhalt

MÁV

Jó étvágyat!

»Rätselhafte Leute«, sagt einer, der es wissen muß, denn er lebt seit vielen Jahren in Budapest. »Aber sie lassen sich's nicht anmerken. Wer auf ihre amüsanten Operetten und auf ihre k.u.k. Gemütlichkeit hereinfällt, ist selber schuld. Die Türken, die Österreicher und die Russen haben zu spät bemerkt, daß mit den Ungarn nicht so gut Kirschen essen ist. Nur in ihrer Sprache kommt die Wahrheit zum Vorschein. Man sagt ihnen nämlich nach, und sie sind die letzten, die es bestreiten würden, daß sie ursprünglich hinter dem Ural zu Hause sind und daß sie nach wie vor ihren Hunnenkönig Attila verehren. Das ist natürlich sehr lange her. In Europa sind sie wahrscheinlich die gescheitesten Einwanderer. Ihre Sprache ist erfindungsreich, und in ihren Cafés wimmelt es von Dichtern. Nur versteht man leider kein Wort davon.«

Nicht einmal auf der Speisekarte! Vielleicht bilden Sie sich ein, ein Restaurant hieße auch in Ungarn Restaurant, und ein kräftiges Gulasch hieße Gulasch. Weit gefehlt, im *étterem* müssen Sie schon ein *pörkölt* bestellen, und was die Paprika angeht, so ist das ein Fremdwort aus dem Serbischen, während der berühmte Palatschinken sich aus dem Rumänischen herleitet. Es gab nämlich Zeiten, zu denen Ungarn viel größer als heute war, und das merkt man seiner Küche an. Einst gehörten ganz Siebenbürgen, die Slowakei, Slawonien, Kroatien, die Batschka und das Banat dazu, und gelegentlich gibt es heute noch Ärger mit den Nachbarn, der Ungarn wegen, die jenseits der Grenzen leben. Der ungarische Reichstag, in dem die Herren Abgeordneten Lateinisch sprachen, saß bis 1848 in Preßburg, auch Pozsony, Prešpurk, Bratislava oder Posonium genannt.

Das ist alles interessant und gut zu wissen, nur sollte es niemandem auf der Seele liegen, der auf einem Weingut in Abaújszántó oder Sátoraljaújhely einen gebratenen Wels oder Karpfen bestellt und sich dazu ein Fläschchen Tokaji Aszú genehmigt. Zugegeben, die Ortsnamen sind Zungenbrecher – aber keine Sorge, die Reise lohnt sich, und einmal ans Ziel gekommen, heißt es: *English spoken, Si parla italiano* und *Man spricht Deutsch.* Also: *Jó étvágyat!*

Gyulai
Lángolt
KOLBÁSZ
2006.

Tokajer

Gebratener Zander
mit Tatarensauce

Lecsó mit Gyulai Kolbász

Esterházy-Rostbraten

Palatschinken mit Quark und Aprikosenmarmelade

Zwack Unicum

Villany – 3000 Seelen und 600 Winzer

Villany blickt auf eine fast vergessene jahrtausendealte Weinbautradition zurück, nachweislich aus der Römerzeit. Neben idealen Bodenverhältnissen sind ein zeitiges Frühjahr, ein langer, heißer Sommer, die lauen Herbsttage sowie die außerordentliche Erfahrung der sehr traditionsbewußten Winzer verantwortlich für die Qualität der Rotweine, die sich mit den besten Bordeaux messen können.

Die berühmtesten Rotweine aus Villanys Südhängen sind *Blaufränkischer, Cabernet Sauvignon, Blauer Portugieser, Cabernet France, Merlot* und *Zweigelt*. Heute finden diese Weine aus Villany ein breites Publikum, das die mehrfach international preisgekrönten Weine sehr zu schätzen weiß.

Szekszárd und Villány Siklós, Ungarns südlichste Anbaugebiete, verfügen über ideale Voraussetzungen für die hier traditionell angebauten Sorten »Kékfrankos« (Blaufränkischer), »Kadarka« und »Oporto«. In zunehmendem Maße werden aber auch neue Sorten wie Cabernet und Merlot sehr erfolgreich angebaut. Dieser Bereich ist außer Eger der einzige, in dem das berühmte »Stierblut« (*Szekszárdi bikavér*) produziert werden darf.

Vom rubinroten »Szekszárdi-Kadarka«-Wein schwärmte auch Franz Liszt, er schätzte den Wein so sehr, daß er ihn sogar dem kränkelnden Papst Pius IX. übersandte, der in seinem Dankschreiben bestätigte, dieser Wein erhalte ihm seine Gesundheit und sein frohes Gemüt.

Tokajer Weine

Der Name dieses weltberühmten Weins leitet sich von der nordungarischen Stadt Tokaj ab, die am Rande der Weinregion Tokaj-Hegyalja liegt. Dieses Weinbaugebiet ist der Nationalstolz Ungarns. Strengste Vorschriften schützen seine Produkte vor Nachahmern. Es ist gesetzlich genau festgelegt, welche Weine den ehrenvollen Namen »Tokaji« tragen dürfen und wie sie hergestellt werden.

Weine aus dem Tokaji-Hegyalja dürfen nur mit staatlichen Kontrollmarken in den Handel gebracht werden. Die Weinkeller dieser Region haben eine ideale Luftfeuchtigkeit und gleichbleibende Temperaturen von 10–12 Grad. Ihre Wände sind mit dem Schimmelpilz »Cladosporium cellare« bedeckt, der sich vom verdunstenden Alkohol aus den Weinfässern ernährt. So entsteht ein Mikroklima, dem der Tokajer sein einzigartiges Aroma verdankt.

Die sorgfältig ausgewählten einjährigen ausgegorenen Grundweine lagern in Eichenfässern von 136 l (*gönzer*) oder 200 l (*szerednen*), durch deren Holz die mit Edelschimmel vermischte Luft einzieht.

Die Bütten, in denen die Trockenbeeren gesammelt werden, dienen zugleich als Maßeinheit: Eine Bütte (*buttony*) faßt 25 kg Trockenbeeren. Die Anzahl der Bütten, die einem Gönzer-Faß Grundwein zugesetzt werden, bestimmt die Qualität des Weines. Je mehr Bütten, desto besser der Wein. Auf jeder Flasche »Tokaji aszú« ist die Zahl der Bütten vermerkt, die dem Faß zugesetzt wurden, aus dem die Flasche stammt (maximal

zwischen drei und sechs). Sechsbüttiger Wein ist eine begehrte Rarität.
Eine Faustregel besagt, daß »Tokaji aszú« nach einer Grundlagerzeit von zwei Jahren mindestens noch so viele Jahre reifen muß, wie er Bütten hat.
Der berühmteste »Tokaji-aszú«-Jahrgang ist der Kometenjahrgang von 1811 (Halleyscher Komet). Flaschen dieses Jahrganges sind praktisch nicht mehr zu erwerben.

Obst und Edelbrände

»Barackpálinka« 43 Vol.-% aus Kecskemét ist der Geist der Geister. Seine Qualität beruht auf den verwendeten Aprikosensorten, die in dieser Region gedeihen. Seinen markanten Geschmack erhält dieser außergewöhnliche Brand durch die Beigabe von gemahlenen Aprikosensteinen während des Destillationsprozesses.
Eine weitere Spezialität ist das Kecskeméter Kirschwasser 43 Vol.-%, das aus der Kirschsorte »Germersdorfer Riese« gewonnen wird, um dann einige Jahre in Eschenfässern seiner kristallklaren Zukunft entgegenzureifen.

ZWACK UNICUM

1790 kreierte der Hofarzt Dr. Zwack für Joseph II., römisch-deutscher Kaiser und König von Ungarn, eine wohlschmeckende Kräutermixtur. Nach der Verkostung soll der Kaiser gerufen haben: »Das ist ein Unicum!« Angeblich leitet sich der Name des als »Zwack Unicum« bekannten ungarischen Magenbitters von diesem Ausspruch ab.
Das beliebte Getränk ist ein Extrakt aus über 40 Kräutern und Wurzeln, der mindestens sechs Monate in Eichenfässern reift.
Das Werbeplakat der Firma, das Anfang des 20. Jahrhunderts entworfen wurde, zählt heute zu den Klassikern der ungarischen Plakatkunst. Unicum trinkt man am besten in Cognacschwenkern bei Raumtemperatur.

Bier

Auch die ungarischen Biere sollen nicht unerwähnt bleiben, da sie mittlerweile einen beachtlichen Stellenwert in der ungarischen Trinkkultur einnehmen. Hauptsächlich werden folgende Biere getrunken: *Soproni, Szalon Sör, Arany Ászok* und *Borsodi.*

ZUTATEN

2 junge Zander, je ca. 800 g, ausgenommen und geschuppt
2 kleine Kartoffelstücke
150 g Mehl
40 g Paprikapulver edelsüß
2 Zitronen
2 l Sonnenblumenöl
Salz
schwarzer Pfeffer aus der Mühle

Mayonnaise

3 Eigelb
350 ml Sonnenblumenöl oder Öl Ihrer Wahl / Olivenölgemisch
50 g Senf, mittelscharf
1 Prise Meersalz
1 Prise Zucker
1 Schuß Zitronensaft

Eigelb, Senf, Zitronensaft, Salz und Zucker mit dem Schneebesen (Elektromixer) aufrühren, das Öl unter ständigem Rühren langsam tropfenweise zugeben, bis alles eingerührt ist. Nun noch einmal abschmecken.

GEBRATENER ZANDER MIT TATARENSAUCE

ZUBEREITUNG

Die Zander waschen und abtrocknen (auf die Rückenstacheln achtgeben), von innen und außen salzen, mit dem Saft einer Zitrone würzen, eine Stunde einziehen lassen.
Das Mehl mit Paprikapulver vermengen und die Fische darin wenden. Die Kartoffeln ins Maul legen, so daß es offen bleibt.
Das Öl in einer geeigneten Pfanne mit hohem Rand erhitzen, die Fische an Kopf und Schwanz zusammengebunden ca. 10 Minuten kroß herausbraten. Die Fische in der so gebogenen Form auf einer Platte anrichten und die Kartoffelstücke durch Zitronenscheiben ersetzen.
Tatarensauce separat dazu reichen.

Tatarensauce

Mayonnaise
1 Zwiebel, fein gehackt
1 Bund Petersilie, fein gehackt
1 kl. Bund Dillspitzen, fein gehackt
50 g Kapern, fein gehackt
100 g Essiggurke, fein gehackt
60 ml saure Sahne

Mayonnaise mit den Zutaten zu einer sämigen Sauce verrühren.

ZUTATEN

250 g rote Paprikaschoten mild
250 g gelbe oder grüne Spitzpaprika mild
250 g Tomaten
1 große Zwiebel, fein gehackt
2 Knoblauchzehen, fein gehackt
250 g Gyulai Kolbász, in feine Scheiben geschnitten
30 g Paprikapulver edelsüß
80 ml Sonnenblumenöl
Meersalz
schwarzer Pfeffer aus der Mühle
Zucker

Wenn man es scharf möchte: Peperoni

LECSÓ
MIT GYULAI KOLBÁSZ

ZUBEREITUNG

Die Paprikaschoten von Stiel und Samenstand befreien und in fingerdicke Streifen schneiden. Tomaten entstielen und in 2 cm breite Stücke schneiden. Die fein gehackten Zwiebeln mit dem Knoblauch in Sonnenblumenöl glasig dünsten, dabei eine Prise Zucker zugeben, vom Herd nehmen und das Paprikapulver unterrühren.
Die Paprikastreifen dazugeben und ca. 10 Minuten zugedeckt bei kleiner Hitze dünsten. Jetzt in feine Scheiben geschnittene Kolbász mit den Tomatenstücken zu dem gedünsteten Paprika geben und alles ca. 15–20 Minuten köcheln, mit Salz und Pfeffer abschmecken. Dazu Weißbrot reichen.

UNGARN

ZUTATEN

6 Scheiben Rinderlende à 150 g
3 Karotten
3 Petersilienwurzeln
1 große Zwiebel, mittelfein gehackt
50 g Butter
50 g Kapern
200 ml saure Sahne
500 ml Rinderbrühe
250 ml Kadarka-Rotwein (wenn möglich)
2 EL Senf mittelscharf
Saft einer halben Zitrone
80 ml Sonnenblumenöl
Meersalz
schwarzer Pfeffer aus der Mühle

ESTERHÁZY-ROSTBRATEN

ZUBEREITUNG

Die Lendenscheiben leicht klopfen und in heißem Öl auf beiden Seiten anbraten, aus der Pfanne nehmen und beiseite stellen. Karotten und Petersilienwurzeln putzen, ⅓ in mittlere Scheiben schneiden und mit den gehackten Zwiebeln im Öl anbraten, bis sie Farbe nehmen. Mit Rotwein und etwa ⅔ der Brühe aufgießen, salzen und pfeffern. Die Lendenscheiben hineinlegen und zugedeckt schmoren lassen. Das restliche Wurzelgemüse in feine Streifen schneiden, in der zerlassenen Butter andünsten und mit der restlichen Brühe bißfest kochen. Kapern fein schneiden. Wenn die Lendenscheiben gar sind, aus der Sauce nehmen und warm stellen. Den Bratensaft passieren und mit Senf, Kapern, Zitronensaft, Salz, Pfeffer und der sauren Sahne abschmecken. Sauce über die Lendenstücke gießen und die Gemüsestreifen daraufgeben, dazu Weißbrot reichen.

ZUTATEN

200 g Mehl
2 Eier
250 ml Milch
30 g Zucker
100 ml Mineralwasser
1 Prise Salz
Öl zum Ausbacken

Für die Füllung

200 g Quark
250 g Aprikosenmarmelade
3 EL Honig
Saft einer halben Zitrone

Schokoladensauce

PALATSCHINKEN MIT QUARK UND APRIKOSENMARMELADE

ZUBEREITUNG

Mehl, Eier, Milch, Zucker und Salz zu einem klumpenfreien Teig verrühren. Nun den Teig mit Mineralwasser verdünnen, bis er wie dickflüssige Sahne wird.
Die Pfanne mit Öl auspinseln und heiß werden lassen. Einen kleinen Schöpfer Teig in die Pfanne geben, durch Schwenken dünn verteilen und bei starker Hitze von beiden Seiten backen. Zum Wenden nimmt man am besten eine Palette (bitte keine Experimente, etwa die Palatschinken in die Luft schleudern, es drohen grobe Verbrennungen!).
Die Pfanne muß jedes Mal neu ausgepinselt und heiß gemacht werden, bevor man einen neuen Palatschinken backen kann.

Quark-Aprikosen-Füllung:

Den Quark mit der Aprikosenmarmelade und dem Honig glatt rühren, mit Zitronensaft abschmecken.
Die Palatschinken mit Quark-Aprikosen-Füllung bestreichen und zusammenklappen. Mit etwas Schokoladensauce und frischen Aprikosenstücken garnieren.

MONEY-
EXCHANGE
ΜΠΑΡ

Καλη ορεξη!

Als Henry Miller, ein Amerikaner auf der Flucht vor Amerika, kurz vor dem Zweiten Weltkrieg nach Griechenland fuhr, geriet er hemmungslos ins Schwärmen. Ein Arkadien! Ein intaktes Land, ungetrübt von der modernen Zivilisation! Ländlich, arm, patriarchalisch, bevölkert von gastfreundlichen, herzensoffenen Menschen! So kann man's im *Koloß von Maroussi* lesen.

Eine schöne Projektion. Aber er hat's dort nur fünf Monate lang ausgehalten. Vielleicht ging es ihm auf die Dauer doch ein wenig zu verschlafen und eintönig zu in diesem Paradies? Vielleicht hat er deshalb dem Ouzo so eifrig zugesprochen, und dabei gegen den Landesbrauch verstoßen, der da heißt: Man ißt nicht, ohne zu trinken, und trinkt nicht, ohne zu essen.

Aber was stand damals auf dem Tisch? Die Speisekarte war nicht gerade üppig: Hammel, Calamari und das ewige *mousaka*. Lange Fastentage ohne Fleisch, und die beklemmend süßen *chalvas* und *baklavas*. Nur die Zutaten waren immer frisch: das Obst und das Gemüse aus dem eigenen Garten, das Olivenöl und der berühmte Honig. So hatte die Selbstversorgung doch ihr Gutes.

Das ist lange her, und der Tourismus hat solchen bukolischen Zuständen schon vor Jahrzehnten den Garaus gemacht. Kein Land kann, ohne seine Tugenden einzubüßen, dauernd Millionen von Gästen ertragen, die lauthals nach dem verlangen, was es überall gibt: nach der sogenannten »internationalen Küche«. Die unvermeidliche Folge waren lieb- und geschmacklose, im Pauschalpreis inbegriffene Menus.

Freilich ist die griechische Armut auch nicht mehr das, was sie einmal war: eine schwer erträgliche Bürde. Und mit dem neuen Geld ist ein neuer Ehrgeiz erwacht. Schluß mit der bloßen Routine, sagen sich die besseren Köche. Alles, was bei uns wächst, ist gut für einen Salat – die Brennessel, der Sauerampfer, der Löwenzahn. Das Zicklein gehört in den Topf, aus den Meerbrassen machen wir ein Carpaccio, für das *stifado* nehmen wir zur Abwechslung einen Hasen, und zur Nachspeise lassen wir uns etwas Neues einfallen, gewürzt mit dem Baumharz aus Chios, einer wunderbaren Droge, die für den Kaugummi viel zu schade ist.

Das alles ist im Grunde gar keine *nouvelle cuisine*, sondern eher ein Rückgriff auf die besseren Traditionen des Landes. Zu denen gehört es auch, daß man, anders als im Norden, spät und stundenlang zu Abend ißt und dabei sich ereifert, streitet und wieder versöhnt; schließlich ist auch die Rhetorik eine griechische Erfindung.

Mavrodaphne

Halloumi-Käse mit Paprika und Kalamata-Oliven
Pita-Brot

Xifias-Souvlaki
mit Ladolemono-Sauce

Lammschulter aus dem Ofen
Zitronenkartoffeln, Tsatsiki

Joghurt mit karamelisierten Walnüssen
Frische Feigen

Metaxa

TSATSIKI

ZUTATEN

500 g fetter griechischer Joghurt
2 Gurken, geschält und entkernt
5 Knoblauchzehen, geschält
1 EL Zitronensaft
60 ml Olivenöl extra vergine
Salz
Zucker

ZUBEREITUNG

Die geschälten, halbierten und entkernten Gurken fein raspeln, leicht einsalzen und 20 Minuten ziehen lassen, in einem Sieb ausdrücken und mit dem Joghurt vermengen. Die geschälten Knoblauchzehen mit dem Olivenöl und dem Zitronensaft aufmixen, in die Joghurt-Gurken-Masse geben und glatt rühren.

Mindestens eine Stunde kalt stellen und ziehen lassen, evtl. mit Salz, einer Prise Zucker und etwas Zitronensaft nachwürzen.

RETSINA

Der wohl bekannteste griechische Wein stammt aus den Regionen Attika, Böotien und Euböa. Er wird aus trockenen Weißweinen der Rebsorten *Savatiano* und *Rhoditis* unter Beigabe von Aleppo-Kiefernharz hergestellt. In den Cafés und Restaurants wird dieser landestypische Wein gerne als Apéritif oder zu den berühmten Meze, den Vorspeisen der griechischen Küche, getrunken.

MUSKATELLER

Neben dem Retsina ist der Muskateller aus Samos der bekannteste griechische Weißwein.

Samos Vin Doux ist ein Süßwein aus sehr reifen *Muskat*-Trauben mit fruchtigem und intensivem Muskatgeschmack. Diesen Wein trinkt man zu Fisch und Meeresfrüchten.

Samos Nektar ist ein natürlich süßer Wein aus handverlesenen Muskat-Trauben, der mindestens drei Jahre in Eichenfässern lagert, bevor er als hochprozentiges Spitzenprodukt (15 Vol.-%) in den Handel gelangt.

Es gibt aber auch trockene Muskatweine wie den Samena Golden, ein Wein mit sehr mildem und frischem Muskataroma, oder den Doryssa, ein weiterer sehr trockener Weißwein mit diskretem Bouquet.

NEMEA-WEINE

Diese vom Peloponnes stammenden Rotweine werden aus 100% *Agiorgitiko*-Trauben gekeltert. Die tiefroten Weine werden mindestens zwölf Monate in Eichenfässern gelagert. Intensive Vanille-, Honig- oder Beerenaromen und ein sehr gutes Reifepotential zeichnen sie aus.

NAOUSSA-WEINE

Die wohl besten Rotweine Griechenlands werden zu 100% aus der Rebsorte *Xynomavro*, die nur in Makedonien wächst, gekeltert und trocken, halbtrocken und halbsüß in Eichenfässern ausgebaut. Charakteristisch für sie sind die leuchtenden Purpurfarben und der volle Körper mit intensivem Charakter. Sie passen hervorragend zu dunklem Fleisch und Käse.

MAVRODAPHNE

Die Trauben für den Mavrodaphne-Likörwein reifen in Patra, das im regenreichen westlichen Teil der Halbinsel Peleponessos liegt. Meist besteht er aus 70% *Mavrodaphne*-Trauben und aus 30% *Korinthia*ki-Trauben. Ein dunkler, samtroter Wein mit einem Bouquet von getrockneten Pflaumen und Vanille. Bemerkenswert ist sein anhaltend süßer Abgang. Genießen Sie ihn bei 10° als Apéritif oder bei 15° als Digestif zu Desserts oder Kuchen.

ZUTATEN

Pita-Brot

500 g Weizenmehl
30 g Hefe
½ TL Salz
1 Prise Zucker
1 EL Olivenöl extra vergine
250 ml lauwarmes Wasser

ZUBEREITUNG

Pita-Brot

Das Mehl in eine Schüssel geben, in die Mitte eine Vertiefung machen und Hefe hineinbröckeln, mit der Hälfte des Wassers, der Prise Zucker und etwas Mehl in der Mulde zu einem Hefevorteig verrühren.
Schüssel mit einem Tuch bedecken und bei Raumtemperatur 15–20 Minuten gehen lassen. Dann mit einem Holzlöffel den Vorteig mit dem restlichen Mehl, Wasser und Salz vermischen. Teig mit den Händen kneten, bis er glänzt und locker wird (ca. 10 Minuten), dabei das Öl unterkneten.
Den Teig in 10 gleich große Kugeln formen, kreuzweise einritzen und nochmals zugedeckt in der Schüssel 20–30 Minuten bei Raumtemperatur gehen lassen, bis sich die Kugeln im Umfang verdoppelt haben.
Backofen auf 180° C vorheizen, Kugeln auf einer bemehlten Arbeitsfläche zu ½ cm dicken Fladen ausrollen. Auf Backpapier in die mittlere Einschubschiene legen und ca. 15 Minuten backen, lauwarm servieren.

HALLOUMI-KÄSE MIT PAPRIKA UND KALAMATA-OLIVEN PITA-BROT

ZUTATEN

500 g Halloumi-Käse
100 g Kalamata-Oliven
2 große Fleischtomaten
1 Zwiebel
2 rote Paprika
4 grüne Spitzpaprika
1 Bund Oregano
1 Bund Petersilie
3 Knoblauchzehen, geschält
125 ml Olivenöl extra vergine
grobes Meersalz
schwarzer Pfeffer aus der Mühle

ZUBEREITUNG

Den Käse in etwa 1 cm dicke Scheiben schneiden, eine geölte Auflaufform mit Fleischtomatenscheiben und Oregano auslegen, den Käse darauf geben. Zwiebeln und Paprika von Kernen und Trennwänden befreien und in mittelgrobe Stücke schneiden. Knoblauch fein hacken und alles zusammen gemischt auf den Käse geben. Mit Meersalz und schwarzem Pfeffer abschmecken und mit dem restlichen Olivenöl beträufeln.
Für ca. 30 Minuten im vorgeheizten Backofen bei 200° C überbacken. 5 Minuten vor Ende der Backzeit die Oliven einstreuen.
Petersilie fein hacken, über das fertige Gericht geben und Pita-Brot dazu reichen.

ZUTATEN

800 g Schwertfisch
1 Zweig Rosmarin
schwarzer Pfeffer aus der Mühle

6–8 Holzspieße

XIFIAS-SOUVLAKI MIT LADOLEMONO-SAUCE

ZUBEREITUNG

Schwertfisch in ca. 2,5 cm dicke würfelige Stücke schneiden, auf Holzspieße stecken und in der Pfanne mit sehr heißem Olivenöl kurz und kroß auf beiden Seiten anbraten. Rosmarinzweig und schwarzen Pfeffer dazu geben und noch 1–2 Minuten bei reduzierter Hitze garen. Aus der Pfanne nehmen, auf eine Platte geben und beiseite stellen.

Ladolemono-Sauce

100 ml Olivenöl extra vergine
50 ml Zitronensaft
2 Knoblauchzehen, geschält
1 Bund Petersilie, fein gehackt
grobes Meersalz

Zitronensaft, Olivenöl und Knoblauch zusammen zu einer Emulsion aufmixen. Mit Salz abschmecken, zum Schluß die fein gehackte Petersilie zugeben und die Sauce über die noch lauwarmen Schwertfisch-Souvlaki gießen.

ZUTATEN

ca. 2 kg Lammschulter mit Knochen
2 Zwiebeln, geschält und geachtelt
2 Fenchelknollen, geachtelt
250 g Tomaten, geviertelt
10 Knoblauchzehen, geschält
2 Bund Thymian
2 Bund Oregano
125 ml Olivenöl extra vergine
800 g festkochende Kartoffeln, geschält und geviertelt
1 l Lammbrühe
30 ml Zitronensaft
grobes Meersalz
schwarzer Pfeffer aus der Mühle

Backpapier
Alufolie

LAMMSCHULTER AUS DEM OFEN
ZITRONENKARTOFFELN
TSATSIKI

ZUBEREITUNG

Die Lammschulter mit Knoblauch spicken, mit Salz, Pfeffer, Thymian und Oregano einreiben. Das Fleisch mit Fenchel, Tomaten und etwa 60 ml Olivenöl zuerst in Backpapier und dann in Alufolie zu einem Paket einwickeln. Das Fleischpaket in eine Bratform legen und in das auf 220° C vorgeheizte Bratrohr geben, 30 Minuten bei dieser Temperatur belassen und dann auf 150° C zurückschalten. Das Lamm nun ca. 3,5 Stunden im Rohr schmoren.

Die Kartoffeln mit den Zwiebeln in eine zweite Bratform geben und mit 30 ml Zitronensaft und 750 ml Lammbrühe übergießen, so daß die Kartoffeln zu zwei Dritteln bedeckt sind. Das restliche Olivenöl dazugeben, leicht pfeffern und salzen, nochmals mit den Händen durchmischen.

Nachdem das Lamm ca. 2,5 Stunden im Backrohr war, die Bratform mit den Kartoffeln auf die darüberliegende Einschubleiste stellen und auf 200° C schalten, den Lammbraten unten belassen (die Kartoffeln brauchen ca. 45 Minuten, bis sie fertig sind). Wenn die Kartoffeln weich sind, das Lamm aus der Alufolie auspacken, mit der restlichen Brühe und dem Gemüse über die Kartoffeln geben und das Ganze noch einmal bei 220° C Oberhitze bräunen.

GRIECHENLAND

METAXA

Der Winzer Spyros Metaxa erfand 1888 den Weinbrand »Metaxa«. Er kombinierte verschiedene Rebsorten mit Kräutern und destillierte sie. Die Brände werden in Eichenfässern gelagert, was die goldgelbe Farbe erzeugt. Es gibt einen leichten Drei-Stern-Metaxa, einen Fünf- und Sieben-Stern-Metaxa, wobei die Sterne den Jahren der Lagerzeit entsprechen. Der hochwertigste Metaxa ist der »Grand Fine«, der mindestens 15 Jahre in Limousin-Eichenfässern lagert.

JOGHURT MIT KARAMELISIERTEN WALNÜSSEN FRISCHE FEIGEN

GRIECHENLAND

ZUTATEN

250 g griechischer Schafsmilchjoghurt
150 ml süße Sahne
100 g Walnußkerne, gehackt
12 frische Feigen
30 ml Zitronensaft
30 g Zucker
5 EL Honig
Minzblätter

ZUBEREITUNG

Den Zitronensaft in einer Pfanne mit Zucker unter ständigem Rühren so lange kochen, bis der Zucker flüssig und braun ist. Nun die gehackten Walnußkerne dazugeben, kurz durchschwenken, die Zucker-Nuß-Masse auf Backpapier dünn ausgießen und erkalten lassen.
Den Joghurt mit dem Honig so lange verrühren, bis dieser sich aufgelöst hat, Feigen waschen und in Viertel teilen.
Die Sahne steif schlagen und unter die Joghurt-Honig-Masse heben. Alle Zutaten zu einem Dessert dekorativ anrichten.

TRAPPIST
WESTVLETEREN

Bon appétit!

Gibt es Belgien? Das ist eine oft gestellte Frage; es soll sogar Belgier geben, die's bezweifeln. Der böse Baudelaire nannte dieses schöne Land, das erst im Jahre 1830 erfunden worden ist, einen diplomatischen Homunculus. Seitdem wohnen dort Flamen mit Wallonen, ja sogar mit Deutschen, wenn auch in getrennten Apartments, unter einem Dach. Zu welchem dieser Stämme Brüssel mit seinen europäischen Glasbunkern gehört, weiß niemand.

Alle diese Landstriche können auf eine scheckige Geschichte zurückblicken. Niemand wollte ihre Bewohner in Ruhe lassen, die Burgunder, die Österreicher und die Spanier nicht, weder die Franzosen noch die Niederländer, ganz zu schweigen von den Deutschen. Wo also wächst hier das Rettende? Die großen Zeiten der Malerei liegen schon vierhundert Jahre zurück; damals gab es noch keine Belgier, und es ist auch schon ein Weilchen her, daß der Jugendstil Furore machte. (Vom Kongo zu sprechen wäre wohl nicht sehr höflich.)

Was also ist es, das Belgien zusammenhält? Schwer zu sagen. Aber vielleicht ist es der Bauch? Das unerschütterliche Wissen, was gut ist? Alle Küchen der Nachbarn, der Okkupanten, der Einwanderer, der Juden, der Afrikaner hat der belgische Magen verdaut und ist sich selbst dabei doch treu geblieben.

Das wissen auch die zahllosen Gäste, die jahraus jahrein quasi steuerfrei in Brüssel speisen, sehr zu schätzen: Kommissare, Generalsekretäre, Präsidenten, Vizepräsidenten, Generaldirektoren, Direktoren, Referenten, Lobbyisten, Waffenhändler, Einflußmakler und Agenten. Es wäre ein Fehler, wenn wir ihnen den Platz an der europäischen Tafel überließen. Also: *bon appétit* und *smakelijk eten!*

SPA®
EAU MINERALE NATURELLE
NATUURLIJK MINERAALWATER
NATURAL MINERAL WATER
–REINE–
31
Rolling Bottle

Maitrank

Flämische Lauchsuppe

Chicorée Braisée mit Ardennenschinken

Kaninchen in Kirschbier-Johannisbeer-Sauce

Belgische Zuckerwaffeln mit Obst und Sahne
Lütticher Sirup

Choc-o-lait
Cointreau

Belgien, ein Land der Biere

Es gibt eine Vielfalt von Sorten, Marken und Brauarten: Biere in der Flasche mit Korken oder im Faß gereift, mit eingelegten Früchten oder feinen Kräutern. Gebraut wird von herb, bitter, sauer, malzig-süß bis würzig und fruchtig. Fast jede Brauerei füllt in eigene Flaschen ab, und jedes dieser Biere besitzt auch noch ein besonders geformtes Glas.

TRAPPIST
Das herbe, dunkle, obergärige Bier aus dem Klosterkeller von Trappistenmönchen wird seit dem 11. Jahrhundert gebraut. Wir empfehlen *Chimay Triple, Westmalle Double* und *Triple* und das *Chimay bleue*, im Schnitt mit 9 Vol.-%.

LAMBIC BIÈRE
Diese aus Brüssel stammende Spezialität wird durch Schnellgärung aus Gerste, Weizen und mehrjährigem Hopfen gebraut und nach ein- bis dreijähriger Faßlagerug ausgeschenkt. Sie dient auch als Basis für Gueze, Faro und fruchtige Biere.

KRIEK
besteht aus dunklem Lambic-Bier, in das mehrere Monate lang Sauerkirschen eingelegt wurden. Die bekanntesten sind *Mort Subite* (Plötzlicher Tod) und *Belle-Vue*. Neben Kirsche gibt es auch noch die Geschmacksrichtungen Schwarze Johannisbeere, Pfirsich und Himbeere.

GUEUZE
Ein Bier, welches durch Mischung alter und junger *Lambic*-Biere gewonnen und in Champagnerflaschen mit Korken abgefüllt wird. Hier empfiehlt sich *Belle-Vue* oder *Mort Subite*. Man sollte es bei 5 bis 6° C trinken.

BLANCHE
Ein mit feinen Kräutern (unter anderem Koriander) versetztes Weißbier aus dem Städtchen Hoegaarden, das wohl meistgetrunkene Bier Belgiens. Erwähnenswert sind *Hoegaarden Grand Cru, Hoegaarden Spezial*.

WESTVLETEREN ABTEIBIER, der belgische Star. Es gilt unter Kennern als eines der besten Biere der Welt. Die Sache hat nur einen Haken: Es wird zuviel davon getrunken. Die Mönche der Sint-Sixtus-Abtei in Westflandern brauen und verkaufen nur soviel, wie sie zum Lebensunterhalt brauchen.
Es ist nicht frei verkäuflich; man muß es vorbestellen und kann es zu einem bestimmten Termin abholen.

DELIRIUM TREMENS
Seit 1654 wird von der Familienbrauerei *Huyghe* in der Nähe von Gent ein gut süffiges blondes 9%-Vollbier mit leicht fruchtigem, herbem und rauchigem Geschmack gebraut. Es wird in einer 0,33- sowie in einer außergewöhnlichen 0,75-l-Flasche angeboten.

Wasser und Wein ...

SPA, HEIL- UND MINERALWASSER

Das Städtchen Spa am Fuße der Ardennen, geprägt von Belle Epoque und klassizistischen Villen, verfügt über ca. 200 verschiedene Heil- und Mineralquellen. Schon zu Römerzeiten war Spa eine berühmte Heilquelle, im Laufe der Jahrhunderte wurde es von Königen, Kaiserinnen, Herzögen und Fürsten besucht. Man traf sich zu prunkvollen Empfängen im Hotel *Villa Royal* oder im Spielcasino von Spa, dem ersten in Europa überhaupt.
Zur Entspannung begab man sich in den Kurhauspark zum Tête-à-tête mit dem Komponisten Jacques Offenbach oder zu brisanten politischen Diskussionen mit Victor Hugo und trank dabei Heil- oder Mineralwasser.

BELGISCHE OBSTWEINE

In Belgien werden aus Quitten, Erdbeeren, Kirschen, Rhabarber, Himbeeren und Johannisbeeren große Obstweine hergestellt, zum Beispiel bei „Les vins de Roisin".

MAITRANK

Der Maitrank ist ein typisch belgischer Apéritif aus der Gegend von Arlon. Dieses wohlriechende und berauschende Getränk ist ein unnachahmlicher Genuß und ein äußerst beliebtes Naturprodukt.
Maitrank besteht aus trockenem Weißwein, den man etwas versüßt (etwa 125 g Zucker auf eine Flasche) und höchstens zehn Minuten mit einer Handvoll frischem, kurz vor der Blüte (im Mai) gesammeltem Waldmeister stehen läßt (ersatzweise Waldmeistersirup, dann keinen Zucker zufügen).

APÉRO

Der ursprüngliche »Champagner der armen Leute« ist lecker und seit langem so beliebt, daß man ihn in Belgien überall bekommt. Der Apéro mit seiner explosiven Mischung aus Roisinweinen und Sekt stimmt heiter bis lustig.

... und Schokolade

CHOC-O-LAIT ist eine besondere Trinkschokolade. Sie besteht aus einem Holzstäbchen, an dessen Ende ein Würfel hochwertiger belgischer Schokolade aufgespießt ist.
Man taucht ihn in heiße Milch und hat umgehend eine delikate heiße Schokolade.
Die Choc-o-lait-Sticks gibt es in vier verschiedenen Geschmacksrichtungen:

- *Noir – Puur,* dunkle Schokolade mit hohem Kakoanteil (Bitterschokolade),
- *Lait – Melk,* Milchschokolade,
- *Praliné – Hazelnoot,* Schokolade und Haselnüsse,
- *Cointreau* – Orangenlikör mit dunkler Schokolade.

ZUTATEN

2 Stangen Lauch, geputzt und
in feine Streifen geschnitten
100 g Gerste, gewaschen
200 g Speck, klein gewürfelt und angeröstet
½ Zwiebel, klein gehackt
50 g Butter
1 l Gemüsebrühe
125 ml Sahne
Olivenöl extra vergine
Meersalz
schwarzer Pfeffer aus der Mühle
Muskatnuß

4 Scheiben Toastbrot für Croutons

FLÄMISCHE LAUCHSUPPE

ZUBEREITUNG

Den Lauch und die Zwiebeln in Olivenöl hellgelb anrösten, die Gerste hinzugeben, noch etwas mitrösten. Mit der Gemüsebrühe aufgießen. 30 Minuten langsam köcheln lassen. Kurz vor dem Weichwerden der Gerste die Hälfte der ausgelassenen Speckwürfel dazugeben und noch ca. 5 Minuten weiter köcheln lassen. Dann die Sahne zugeben und mit den Gewürzen abschmecken.
Die andere Hälfte des Specks mit den Croutons zur Garnitur der Suppe verwenden.

Croutons

Das Toastbrot in kleine Würfel schneiden und im heißen Olivenöl kroß und braun rösten, leicht salzen.

ZUTATEN

6 Stück mittlere Chicorée
200 g roher Ardennenschinken in Scheiben
50 g Butter
250 ml Milch
125 ml Sahne
2 EL Mehl
100 g Edamer, gerieben
1 El Zitronensaft
2 Bund Petersilie, fein gehackt
Salz
schwarzer Pfeffer

CHICORÉE BRAISÉE MIT ARDENNENSCHINKEN

ZUBEREITUNG

Chicorée waschen und trocken schwenken. Die äußeren Blätter abnehmen und den Strunk keilförmig herausschneiden, um die meisten Bitterstoffe zu entfernen. Den Chicorée ca. 2 Minuten in kochendem Salzwasser blanchieren, sofort in Eiswasser abschrecken und gut abtropfen lassen. Chicorée mit Ardennenschinken umwickeln und in eine gebutterte Auflaufform legen.

Sauce

Butter schmelzen, das Mehl einrühren und etwa 2–3 Minuten dünsten, keine Farbe annehmen lassen. Mit Milch ablöschen

und glatt rühren, aufkochen lassen, Sahne zufügen und mit Salz, Muskat, Pfeffer und Zitronensaft abschmecken.
50 g geriebenen Edamer in die Sauce geben und schmelzen lassen. Die Käsesauce über den Chicorée gießen und mit dem Restkäse bestreuen. Bei 180° C ca. 25 Minuten im Ofen überbacken, mit der Petersilie bestreuen und servieren.

ZUTATEN

1 Kaninchen in 6–8 Teilen
2 EL Tomatenmark
60 ml Olivenöl extra vergine
200 g eingelegte Sauerkirschen ohne Saft
200 g Johannisbeeren

Marinade

2 Zwiebeln, mittelgrob gehackt
2 Karotten, mittelgrob gehackt
½ kleiner Sellerie, mittelgrob gehackt
1 Stange Lauch, mittelgrob geschnitten
3 Knoblauchzehen, geschält und zerdrückt
2 Lorbeerblätter
3 Pimentkörner
3 Wacholderbeeren
2 Thymianzweige
750 ml Kirschbier *Mort Subite*
ersatzweise ungesüßter Sauerkirschmost
aus dem Reformhaus

KANINCHEN IN KIRSCHBIER-JOHANNISBEER-SAUCE

ZUBEREITUNG

Kaninchen 24 Stunden in Marinade einlegen.
Das marinierte Kaninchen herausnehmen, trocken tupfen, salzen und pfeffern.
In etwas Mehl wenden und in einem geeigneten Bräter mit heißem Olivenöl von allen Seiten kroß anbraten, bis es Farbe genommen hat. Dann beiseite stellen, die Gemüse und Kräuter aus der Marinade nehmen, abtropfen lassen und im Bräter ebenfalls kurz anbraten, Tomatenmark hinzugeben und etwas mitrösten. Die Kaninchenstücke wieder in den Bräter zum Gemüse geben und langsam die Marinade hinzugeben, eventuell noch etwas Brühe, bis die Stücke ganz bedeckt sind.
Etwa 35–40 Minuten auf dem Ofen köcheln lassen. Die garen Stücke aus dem Sud nehmen und beiseite stellen, die Sauce durch ein Sieb passieren und noch ca. 5 Minuten mit den Sauerkirschen und Johannisbeeren einkochen lassen.
Sauce abschmecken, Kaninchenstücke auf eine vorgewärmte Platte legen, mit der Sauerkirsch-Johannisbeer-Sauce übergießen und mit jungem Gemüse, z. B. Möhren, Erbsen, Rosenkohl servieren.

DIE BELGISCHEN CHOCOLATIERS

WITTAMER

Das 1910 gegründete Unternehmen produziert über 65 feinste Pralinensorten, besonders zu erwähnen sind die Sahnepralinen: die *Trianon*, gefüllt mit Buttercreme und Krokant, sowie die *Bouchon*, gefüllt mit Grand-Marnier-Creme.

MARY CHOCOLATIER

Das Haus wurde 1919 gegründet und stellt verschiedene Schokoladen köstlichkeiten her, unter anderem *Ephémère*, eine Bitterschokolade mit Crème fraîche, die nur im Winter erhältlich ist. Daneben ein edles Schokoladenmousse, das es in fünf verschiedenen Kakaostärken gibt.

DOLFIN SA

Eine Qualitätsschokolade, die ihren Geschmack aus der Kraft der Schokolade und den feinen Gewürzen und Früchten mit ihren natürlichen Inhaltsstoffen bezieht. Dolfin produziert Schokoladen mit den unterschiedlichsten Gewürzen und Aromen. Zum Angebot gehören zum Beispiel Zartbitterschokoladen mit eingekochten Apfelsinenschalen, Minzblättern, rosa Pfefferkörnern oder Earl-Grey-Teeblättern. Die Schokoladen gibt es nicht nur als Tafeln, sondern auch als kleine Schoko-Quadrate, deren Umhüllung man auch nach eigenen Wünschen gestalten lassen kann. Inzwischen gibt es auch Schokoladenflocken zur Zubereitung einer heißen Schokolade.

NEUHAUS

1857 erfand der Apotheker Charles Neuhaus die erste Praline; im Laufe der Jahre entwickelte er Klassiker wie Tentation, Manon, Paola, Satan und Bonaparte, um nur einige zu nennen. Am 24. April 1893 ließ sich Charles Neuhaus, nun Chocolatier, der in Brüssel eine Schokoladenconfiserie betrieb, den Namen *Côte d´Or*, unter dem er seine Produkte anbot, als Marke schützen. Der Name bezieht sich auf die afrikanische Goldküste, das heutige Ghana, aus dem er seine kostbaren Kakaobohnen bezog. Im Jahre 1889 wurde der Elefant mit der Palme und den drei Pyramiden zum Symbol der Marke *Côte d´Or*. 1965 erhielt *Côte d´Or* den Titel „Hoflieferant des belgischen Königshauses".

AMBAO

Obwohl die EU im März 2000 entschieden hat, daß der Schokolade bis zu 5% Fremdfett beigemischt werden dürfen, halten die belgischen Chocolatiers an der teuren Kakaobutter fest und haben ein nationales Gütesiegel (*Ambao*) für ihre Produkte eingeführt.

Pralinen dürfen, um ihren ganzen Geschmack voll zur Geltung zu bringen, nie älter als drei Wochen sein; beim Hineinbeißen muß es knacken – ein Zeichen dafür, daß die Praline sicher frisch ist.

BELGISCHE ZUCKERWAFFELN

ZUTATEN

200 g Mehl
100 g Butter
60 g Zucker
25 g Vanillezucker
200 ml Milch
100 ml Mineralwasser
3 g Backpulver
3 Eier, getrennt
1 Prise Salz
Lütticher Sirup

ZUBEREITUNG

Das Eiweiß steif schlagen, kalt stellen.
Butter, Zucker, Vanillezucker und Prise Salz zusammen schaumig schlagen, bis sich der Zucker aufgelöst hat. Mehl und Backpulver mischen. Die Mischung zu der schaumigen Butter geben und mit Milch zu einem glatten Teig verarbeiten. Dann das Mineralwasser unterrühren. Zuletzt das geschlagene Eiweiß vorsichtig unterheben.
Im Waffeleisen goldgelb backen. Am besten die fertigen Waffeln noch warm mit Obst, Sahne und Lütticher Sirup dick bepacken.

Dobar tek!

Einen Staat, der diesen liebenswürdigen Namen trägt, wird man auf der Europakarte vergebens suchen. Aber mit diesem Manko befindet Dalmatien sich in guter Gesellschaft. Denn was ist im Lauf der Zeit aus Lodomerien und aus Waldeck geworden, aus Livland, Podolien und der Walachei? Irgendwann sind ihre Fürsten einfach verschwunden. Nur die Landschaften und die Leute sind noch da.

Wir bitten die kroatische Regierung, die dort das Sagen hat, inständig um Vergebung, daß wir uns auf Dalmatien kaprizieren. Jede politische Absicht liegt uns fern. Wir lassen uns aus guten Gründen vom Reiz dieser Gegend hinreißen. Und der ist beträchtlich. Warum sonst haben sich alle um sie gerissen – angefangen von den Römern, den Ostgoten, den Byzantinern, den Venezianern, den Türken, bis zu den Italienern und den Serben? Nicht einmal die Franzosen haben es lassen können; einst hat auch Napoleon ein paar seiner Satrapen hingeschickt. Freilich war seinen Illyrischen Provinzen kein langes Leben beschieden, und auch die Deutschen sind bald wieder abgezogen. Heute muß das Land nur noch mit einer harmlosen Invasion fertig werden. Es sind meist recht manierliche Touristen, die man dort antrifft.

Sie finden ein kristallklares Meer und ein wohltuend subtropisches Klima vor. Das langgestreckte, schmale Küstenland ist bizarr gegliedert in sanfte oder wilde Buchten und Schären. Dort gedeihen Trauben, Oliven, Feigen, Mandeln, Weichseln und Melonen. Die Fischer bringen Zahnbrassen, Seebarsche, Meeraale und Langusten an Land. Auf jeder der zahlreichen Inseln und Halbinseln kommt ein anderer Wein auf den Tisch, und auf der Speisekarte findet man die Spuren derer, die früher hier gelebt haben: *Pršut*, der berühmte lufttrocknete Schinken, ist ein dalmatinischer *Prosciutto*, die Weißweinschorle heißt *Bevanda* und die Fischsuppe *Brodetto*. Was die mediterrane Küche einst gewesen ist, bevor die Küsten zubetoniert wurden – wer Glück und Zeit hat, hier kann er es noch erschmecken.

Steinpilzsuppe

Beefsteak Carpaccio
mit Rucola-Apfel-Salat

Kartoffelknödel mit Scampi
und Riesling-Petersilien-Sauce

Ziegenkäse mit Honig
und grünem Pfeffer

ZUTATEN

300 g Steinpilze, geputzt und geschnitten
200 g festkochende Kartoffeln, gekocht und in kleine Würfel geschnitten
1 Zwiebel, fein gehackt
1¼ l Gemüsebrühe
½ Bund frischer Majoran, gezupft
1 Bund Petersilie, fein gehackt
125 ml saure Sahne
50 g Butter
Meersalz
schwarzer Pfeffer aus der Mühle

STEINPILZSUPPE

ZUBEREITUNG

In einem Topf die Zwiebel in Butter glasig dünsten, die Steinpilze zugeben und mit der Brühe aufgießen, ca. 10 Minuten kochen lassen.
Die klein gewürfelten Kartoffeln dazugeben und wieder ca. 5 Minuten köcheln lassen. Den Majoran und die Petersilie hinzufügen und noch einmal ca. 1 Minute leicht mitziehen lassen.
In Tellern anrichten und mit einem Löffel saurer Sahne servieren.

ZUTATEN

600–800 g mariniertes Rinderfilet (Mittelstück)
250 g Rucola, ausgesucht und gewaschen
3 saure Äpfel
Olivenöl extra vergine
Meersalz
schwarzer Pfeffer aus der Mühle
Balsamico oder guter Weinessig

Marinade

2 Zweige Rosmarin
Olivenöl extra vergine
2 Knoblauchzehen, geschält
und zerdrückt

BEEFSTEAK-CARPACCIO MIT RUCOLA-APFEL-SALAT

ZUBEREITUNG

Das zugeputzte Stück Rinderfilet ca. 5–6 Tage in Olivenöl-Rosmarin-Gemisch einlegen (es muß vollständig mit Öl bedeckt sein), im Kühlschrank aufbewahren.
In einer Pfanne Olivenöl sehr heiß werden lassen, das Filet aus der Marinade nehmen, gut abtupfen und in dem heißen Öl rundherum kroßbraun anbraten (ca. ½ cm tief), dann sofort aus dem Öl nehmen und beiseite stellen, ca. 10 Minuten ruhen lassen.
Das Filet nun in feine Scheiben schneiden und auf große Teller auslegen, mit Rucola bestreuen und die sauren Äpfel in mittelgroßen Stiften darüber reiben. Mit Balsamico, Zitronensaft, etwas Meersalz, schwarzem Pfeffer und Olivenöl beträufeln, je nach Geschmack etwas Parmesan darüberhobeln. Dazu reicht man Weißbrot.

ZUTATEN

400 g mehlige Kartoffeln,
gekocht und geschält
(sie müssen zur Weiterverarbeitung noch warm sein)
20 g zerlassene Butter
1 Ei
etwas Kartoffelstärke
(ca. 75 g)

Scampisauce

600 g ausgelöste und geputzte Scampi,
in feine Stücke geschnitten
250 ml Welschriesling
125 ml süße Sahne
3 Bund Petersilie, fein gehackt
Olivenöl extra vergine

KARTOFFELKNÖDEL MIT SCAMPI IN RIESLING-PETERSILIEN-SAUCE

ZUBEREITUNG

Die Kartoffeln noch warm durch die Kartoffelpresse drücken, mit den Eiern, der zerlassenen Butter und etwas Kartoffelstärke zu einem geschmeidigen Teig verarbeiten. Salzen und noch einmal kräftig durchkneten, um dann daumendicke Rollen zu formen. Davon 2–3 cm lange Stücke abschneiden und in köchelndes Salzwasser geben, bis sie an der Oberfläche schwimmen. Nun abseihen und sofort in die Scampisauce geben.

Sauce

Die Scampistücke in heißem Olivenöl anrösten, mit dem Riesling ablöschen und etwas einkochen lassen.
Die Petersilie dazugeben, mit Meersalz und schwarzem Pfeffer abschmecken, mit der Sahne auffüllen und zu cremiger Konsistenz eindicken.

DALMATINISCHE WEINE

POSTUP

Dieser Spitzenrotwein wird zu 100% aus der Rebsorte Plavac Mali gewonnen, die auf der Halbinsel Peljesac gedeiht. Seit langem wird in dieser Region mit ihrem milden Klima Wein angebaut. Sein bestes Aroma entfaltet der Wein bei 16–18˚. Er paßt besonders zu Fleisch- und Grillspeisen.

BABIC

Dieser exzellente Wein wird aus der Traubensorte gleichen Namens erzeugt. Den Wein zeichnen die dunkle Rubinfarbe, der angenehme Geruch und der ausgeprägte Geschmack aus. Da er der Liebling aller dalmatinischen Feinschmecker ist, trinkt man ihn zu fast allen Gerichten, speziell zu Wild, Fisch, Grilladen und zu pikanten Käsesorten. Er wird bei Zimmertemperatur, zwischen 17 und 19˚ C, serviert.

SVETA ANA

Sveta Ana – Heilige Anna – ist ein außerordentlicher weißer Spitzenwein aus dem Weingebiet der Halbinsel Peljesac; er wird aus der edlen Traubensorte Marstina gewonnen. Unweit vom Ort Putnikovi sind die Weinberge kreisförmig um das Kirchlein Heilige Anna gereiht. Die Weinbauern ließen dieses Kirchlein der heiligen Anna weihen, die jedes Unglück von den Weinreben fernhalten sollte. Von ihr erhielt dieser Wein seinen Namen.

CARSKO VINO

Carsko Vino – Kaiserlicher Wein – ist ein erlesener Wein aus der Postup-Ernte, deren beste Trauben abgesondert und mit besonderer Aufmerksamkeit und Liebe bearbeitet werden. Die Überlieferung besagt, daß dieser besondere Wein über den Weinkoster des Kaisers an den Hof des kroatischen Königs Tomislav gelangte; später wurde der Wein auch an den österreichischen Kaiserhof in Wien geliefert.

ZIEGENKÄSE MIT HONIG UND GRÜNEM PFEFFER

ZUTATEN

6 kleine Ziegenkäse,
wenn möglich aus Dalmatien
5 EL Akazienhonig
frischer grüner Pfeffer

ZUBEREITUNG

Den Ziegenkäse in feine Scheiben schneiden und mit Honig beträufeln, geschroteten grünen Pfeffer darüberstreuen.

IY
935

Hyvää ruokahalua!

Ein Zeitreisender würde sich die Augen reiben. Was, das soll Helsinki sein? War das nicht damals, in den Siebzigern, eine provinziell gemütliche, langsame Stadt, mit einem Hauch von sozialistischer Kargheit? Und heute: überall Boom, Mode, Elektronik, Kunst, Großbanken, Beschleunigung... Alles trendig und teuer... Das ganze Land auf dem Spitzenplatz der internationalen Statistiken!

Aber das täuscht. Nur Geduld! Im August liegt die Hauptstadt so verlassen da, daß die Touristen beinahe unter sich sind. Wer von ihnen an Herzbeschwerden leidet, tut gut daran, Helsinki im Sommer zu meiden; denn der tüchtige Kardiologe hat sich, wie seine Kollegen, zurückgezogen, dorthin, wo ihn keine E-Mail erreicht und wo kein Handy piepst – aufs Land. Der Patient, der ihn dort finden wollte, in Karelien oder auf einer der tausend Inseln im Schärengarten, müßte sich auf eine lange Reise mit dem Fahrrad oder mit dem Boot gefaßt machen. Der Arzt aber wird nach der Sauna seelenruhig in den See vor dem Haus springen oder ein bißchen fischen gehen. Danach erst, gegen fünf Uhr – so will es die Landessitte – gibt es ein ausgiebiges Mittagessen. An Hering oder Rentierfleisch, Preiselbeeren und Pilzen wird es nicht fehlen, und wenn keine frischen Semmeln da sind, greift der Arzt zu dem hartgebackenen Roggenbrot, das an einem Nagel an der Wand hängt; denn das hält ewig.

Spät am Abend treffen sich die stummen einsamen Trinker aus dem Kaurismäki-Film vor der Dorfscheune. Dort schallt ein finnischer Tango durch die weiße Nacht, und den Doktor ergreift eine Wehmut, klar wie Wodka. Kippis! Es werden wohl nicht die Glaspaläste und die schrägen Bars von Helsinki sein, denen Europas erfolgreichste Nation ihr *sisu* verdankt, diese eigentümlich zähe Energie, mit der sie Schweden und Russen, Armut und Krieg überstanden hat – schon eher jene träumerischen, hinterwäldlerischen Tage und Nächte auf dem weiten Land.

Karelische Piroggen mit Eibutter
Geräuchertes Rentierfleisch
oder Lachs

Finnischer Glasmeister-Hering

Schweinelende mit Backpflaumen und Apfel gefüllt

Johannisbeer-Ebereschen-Parfait

Kaffee

Ryyppy

MARKENBIER LAPIN KULTA PREMIUM III

Ein malzig-süffiges, goldgelbes helles Bier aus Hopfen, Malz und Wasser bei 4,5 Vol. -% gebraut.

MINERALWASSER

Eines der laut UNO und UNESCO weltbesten Mineralwässer stammt von der Firma Finn Spring Aqua aus dem kleinen Ort Sykäräinen in Mittelfinnland. Die Firma Finn Spring Aqua fördert unter anderem:

- Quellwasser,
- Quellwasser mit Kohlensäure,
- aromatisiertes Quellwasser und
- mineralarmes Quellwasser

BIRNEN-CIDRE

Die Brauerei Plevna produziert einen süßen, kräftigen und erfrischenden Birnen-Cidre mit 4,4 Vol.-%.

FINNISCHER WODKA »FINLANDIA«

Er wird seit 1979 aus Getreide, hauptsächlich Weizen, mit mindestens 40 Vol.-% hergestellt (deutscher Markt), für den internationalen Markt mit 50 Vol.-%. Seit 1994 gibt es ihn auch noch als Cranberry (rubinrot) und Pineapple (hellgelb-golden). Beide Sorten werden ausschließlich mit natürlichen Aromen und Essenzen versehen.

FINNISCHER LAKKA-LIKÖR

Der in Lappland hergestellte *Lakka* ist der beliebteste Likör Finnlands. Er wird aus der Multbeere, einer großen gelben Himbeere mit herb-fruchtigem Geschmack, bei 28 Vol.-% gewonnen.

PRIMELLIKÖR

1 l Blütenblätter von der Primel
0,4 l Wodka (Finlandia)
0,2 l Himbeergeist
1,5 l Wasser, abgekocht und ausgekühlt
500 g brauner Zucker
500 g feiner Zucker
2 Zweige Zitronenmelisse
2 Zweige Pfefferminze

Alle Zutaten gut miteinander vermengen und in ein entsprechend großes, verschließbares Glasgefäß füllen. Ca. 10–12 Tage an einem sonnigen Platz ruhen lassen, täglich einmal kräftig durchschütteln. Danach den Likör erst durch ein Sieb und dann durch einen Kaffeefilter gießen. In Flaschen abfüllen und kühl lagern. Der Likör ist 6–8 Monate haltbar. Er eignet sich vorzüglich zum Aromatisieren von Desserts, Tortenfüllungen und Sorbets. Mit Sekt aufgegossen ergibt er einen hervorragenden Apéritif.

RYYPPY

Ein traditionelles, äußerst starkes Getränk (General Mannersheims Lieblingscocktail)
0,5 l Aquavit
0,5 l Wodka (Finlandia)
0,2 l Noilly Prat Wermut

Alle Zutaten gut mixen, auf Eis gießen und servieren – Kippis!

GLÖGI, DER FINNISCHE GLÜHWEIN

2 l Rotwein halbtrocken
0,2 l Johannisbeersaft
10 Nelken
2 Zimtstangen
200 g Zucker
½ Zitrone
100 g geschälte Mandeln
100 g Rosinen
etwas Kardamom (nach Geschmack)

Wein, Saft, Nelken, Zimt, Zucker und Zitrone langsam erhitzen. Zehn Minuten lang ziehen, aber nicht kochen lassen. Die Mandeln und Rosinen in die Gläser geben. Durch ein Sieb mit Glögi auffüllen. Sofort heiß trinken.

ZUTATEN

Piroggen

Teig für ca. 12 Piroggen:
250 g Roggenmehl
50 g Weizenmehl
0,175 l Wasser
1 TL Salz
100 g zerlassene Butter
600 g geräuchertes Rentierfleisch oder geräucherter Lachs

Füllung

500 g mehlige Kartoffeln
2 Bund Schnittlauch
1 Schuß Sahne
Meersalz
etwas geriebene Muskatnuß

Eibutter

100 g weiche Butter
3 hart gekochte Eier
Meersalz
mittelscharfer Senf je nach Geschmack
ein Schuß süße Sahne

Die Eier mit der weichen Butter, der Sahne und dem Senf zu einer Creme pürieren und mit Meersalz abschmecken.

KARELISCHE PIROGGEN MIT EIBUTTER UND GERÄUCHERTEM RENTIERFLEISCH ODER LACHS

ZUBEREITUNG

Füllung

Die Kartoffeln weich kochen und schälen, dann daraus einen Kartoffelbrei mit Schnittlauch, Sahne, Muskatnuß und Meersalz bereiten, beiseite stellen.

Teig

Die Mehlmischung auf ein Brett geben, nach und nach Wasser und Salz zufügen und zu einem festen Teig kneten. In einer angewärmten Schüssel bedeckt 30 Minuten lang ruhen lassen.

Den Teig zu einer 4 cm dicken Rolle formen und in 12 gleich große Scheiben schneiden. Die Scheiben mit Mehl bestreuen und dünn ausrollen, einen gehäuften Suppenlöffel Kartoffelpüree in die Mitte geben und die Ränder einschlagen. Auf ein gefettetes Backblech legen und bei 220° C ca. 15 Minuten ausbakken. Der Teig sollte leicht gebräunt sein.

Noch warm mit zerlassener Butter bestreichen, sofort zwischen Backpapier schichten und in ein Küchentuch einschlagen, damit die Krusten weich werden.

Nach ca. 30 Minuten mit Eibutter und Rentierfleisch oder Lachs servieren.

FINNLAND

ZUTATEN

6 Salzheringfilets, geputzt
2 Karotten
1 Lauchstange
1 Stück frischer Meerrettich
2 rote Zwiebeln (in feinen Scheiben)
1 Stück Ingwer
1 TL Senfkörner
2 TL schwarzer Pfeffer aus der Mühle
2 Lorbeerblätter

Für die Sauce

0,1 l Weinessig
0,15 l starker schwarzer Tee
125 g brauner Zucker

FINNISCHER GLASMEISTERHERING

ZUBEREITUNG

2 Tage vorher:

Den Weinessig, schwarzen Tee und Zucker mit Ingwer, Pfefferkörnern, Senfkörnern und Lorbeerblättern 10 Minuten köcheln lassen, kühlen und abseihen. In den lauwarmen Sud die in Streifen geschnittenen Fischfilets einlegen und in einem Steinguttopf 2 Tage ziehen lassen.

30 Minuten vor dem Servieren:

Karotten und Lauch in feine Streifen schneiden, getrennt in leicht gesalzenem Wasser blanchieren und sofort in Eiswasser abschrecken. Wenn die Gemüsestreifen ganz kalt sind, herausnehmen und beiseite stellen.
Kurz vor dem Anrichten das Gemüse mit den Fischfiletstreifen, dem fein geriebenen Meerrettich, den roten Zwiebelscheiben und etwas Sud anmachen, mit Meersalz abschmecken. Je nach Geschmack mit Dillspitzen verfeinern.

ZUTATEN

ca. 2 kg Schweinelende mit Schwarte
400 g Backpflaumen, entsteint
3 saure Äpfel, entkernt, geschält
und mittelgroß gewürfelt
2 mittlere Zwiebeln, gewürfelt
2 kleine Bund Rosmarin
50 g Butterschmalz
1 l Fleischbrühe
1 Prise Nelkengewürz
Meersalz
weißer Pfeffer

SCHWEINELENDE MIT BACKPFLAUMEN UND APFEL GEFÜLLT

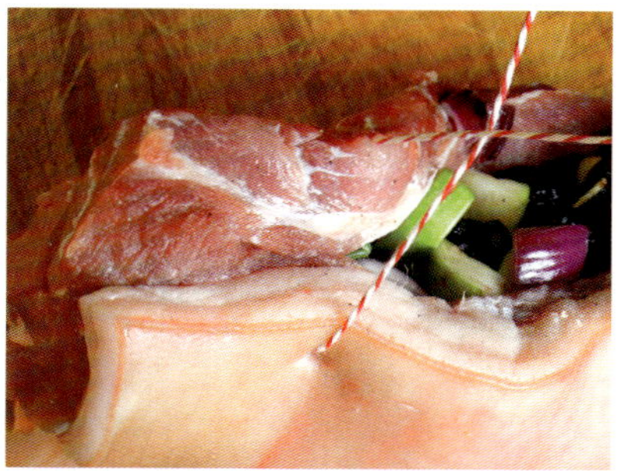

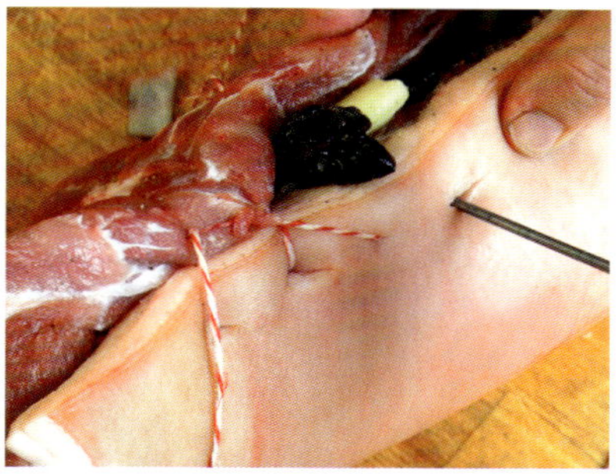

ZUBEREITUNG

In das Fleisch längsseits eine Tasche schneiden, innen salzen und pfeffern, mit ⅔ der Pflaumen, den Äpfeln und einem Zweig Rosmarin der Länge nach füllen und wieder zunähen. Das Fleisch mit Salz, weißem Pfeffer und Nelkengewürz außen einreiben.
In die Bratform etwas Brühe einfüllen, die Schweinelende mit der Schwarte nach unten einlegen und ca. 15 Minuten bei 220° C im vorgeheizten Ofenrohr angaren. Nun herausnehmen und umdrehen. Jetzt ist die Schwarte butterweich und läßt sich leicht etwas einschneiden.
Die Zwiebeln und das Butterschmalz dazugeben und ca. 1 Stunde bei 180–200° C im Ofenrohr, ohne das Bratgut zu wenden, fertig garen. Nach und nach ¾ der Brühe über den Braten gießen.
Währenddessen die restlichen Pflaumen in ¼ l heißer Brühe einweichen.
Den Braten herausnehmen und warm stellen. Bratenfond mit der Pflaumenbrühe ablöschen und mit den Zwiebeln und einem Rosmarinzweig einkochen lassen. Abseihen, die restlichen Pflaumen zugeben und aufkochen. Den Braten in ca. 2 cm dicke Scheiben schneiden.
Die Sauce mit Meerrettich und etwas weißem Pfeffer abschmecken und zum Braten reichen.

ZUTATEN

2 Eigelb

150 g Puderzucker

500 ml süße Sahne

250 ml pürierte Johannisbeeren

4 cl Ebereschensirup (Vogelbeersirup)

zum Garnieren

500 ml süße Sahne

ganze Johannisbeeren

Ebereschensirup (Vogelbeersirup)

JOHANNISBEER-EBERESCHEN-PARFAIT

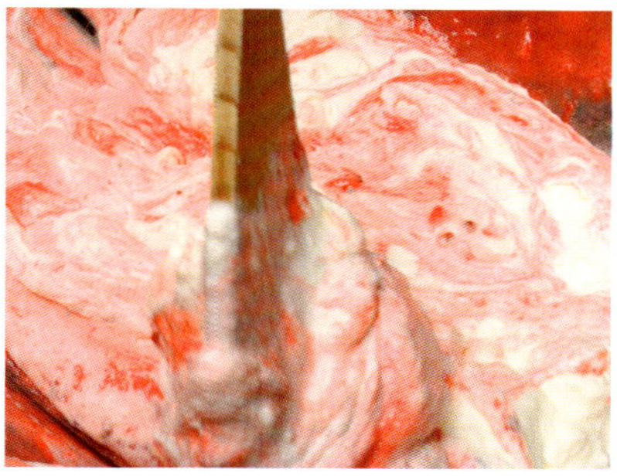

ZUBEREITUNG

Eigelb und Zucker schaumig rühren. Die Sahne steif schlagen, Johannisbeerpüree, Eigelb-Zucker-Schaum und Sirup vorsichtig unter die Schlagsahne heben.
In eine Form (18-cm-Guglhupfform) gießen und einfrieren.
Kurz vor dem Servieren herausnehmen, in heißes Wasser stellen und dann auf einen Teller stürzen. Mit geschlagener Sahne, ganzen Johannisbeeren und Ebereschen-sirup garnieren.

Luxemburgerli
Sprüngli Luxemburgerli

Bumberfatscha!

Bitte nicht erschrecken, wenn Ihnen diese Einladung spanisch vorkommt! Sie ist in der vierten Landessprache, dem Romantsch, gehalten, das gewöhnlich zu kurz kommt, auch wenn es auf jedem Frankenschein brav zur Schau getragen wird. Keine ganz einfache Übung, denn es handelt sich, genaugenommen, um fünf verschiedene Sprachen: *Sursilvan, Sutsilvan, Surmiran, Puter* und *Vallader*, die sich nicht einmal auf einen gemeinsamen Namen einigen können. Manche sagen statt Romantsch lieber *Romontsch, Rumauntsch* oder *Rumontsch*.

Derlei kann dieser kleine Exkurs in die Linguistik zeigen: zum einen, wie zart und geduldig hier auf eine kleine Minorität Rücksicht genommen wird (alle fünf Dialekte dienen zusammen ganzen 35.000 Personen als Muttersprache); daß die Eidgenossenschaft so vielfältig gegliedert ist wie die Puppen in der Puppe; und zum dritten, daß es sich um ein höchst eigensinniges Volk handeln muß.

Das müßte sich eigentlich auch an seinen Sitten und Gebräuchen zeigen, und auch daran, was auf den Tisch kommt. Im allgemeinen wird man's hoch anständig, solide und teuer finden; nicht umsonst genießen die Schweizer Küche und die Hotellerie schon seit dem neunzehnten Jahrhundert einen guten Ruf.

Doch das bedeutet nicht, daß man sich an die berühmten Häuser halten müßte. Überraschenderes als die *Kronenhalle*, das *Baur au Lac* oder das *Beau Rivage* hat so mancher Landgasthof in der Provinz zu bieten. Da zeigt sich, daß der vielberufene Kantönligeist nicht nur Komplikationen hervorbringt, sondern auch Tafelfreuden, die man in Zürich oder Genf vergeblich sucht.

Mit den wechselnden kulinarischen Moden, mit *fusion kitchen* oder molekularer Küche hat man auf dem Land nichts im Sinn. Und wer nicht weiß, was *Appenzeller Fleischvögel* sind, wie das *Gitzi* im Bierteig schmeckt, ob *Chäsgetschäder, Suure Mocke* oder *Graubündner Pizokel* einen Versuch wert sind – nur keine Angst, es wird immer noch amüsanter sein als ein korrektes Cordon bleu.

Und dann zurück nach Zürich, gleich am Paradeplatz, zu den hundert Schokoladevarianten: *Truffes Grand Cru, Luxemburgerli, Esmeralda*… Ein wenig Schleichwerbung muß hier erlaubt sein. Nicht Lindt, den finden Sie im Supermarkt an der Ecke, nein, es muß schon *Sprüngli* sein, am besten im ersten Stock, wo auch der Kaffee am besten ist. Wohl bekomm's!

APPELLATION
D'ORIGINE
CONTROLEE
badoz
La passion des bonnes choses
INAO

Chasselas

Bündner Capuns

Raclette-Gratin
mit Kartoffel, Apfel, Birne

Kalbszüngli au Morchelsauce
mit Berner Rösti

Genfer Quarkpastete

Vieille Prune

ZUTATEN

16–18 Mangoldblätter,
dicke Rippe herausgeschnitten
300 g Speck, mager, fein gewürfelt
200 g Salsiz (luftgetrocknete Wurst),
gehäutet, in Würfel geschnitten
2 Zwiebeln, mittelgroß,
geschält und fein gehackt
500 ml Gemüsebouillon
1 Bund Petersilie, fein gehackt
100 g Butter
100 g Parmesan, fein gerieben

Teig

250 g Mehl
3 Eier
etwas Wasser, Meersalz
Prise Muskatnuß

BÜNDNER CAPUNS

ZUBEREITUNG

Die Salsiz, mageren Speck und die Zwiebelwürfel in etwas Butter andünsten, die Hälfte der Petersilie zugeben, beiseite stellen.
Aus Mehl, Eiern, Wasser, Salz und Muskat einen Spätzleteig herstellen und mit der Hälfte der angedünsteten Zutaten vermengen. Die Mangoldblätter in siedendem Salzwasser ein bis zwei Minuten blanchieren, mit Eiswasser kalt abschrecken und trokken tupfen. Die Mangoldblätter mit einem Eßlöffel der Teigmischung füllen, Blätter an den Seiten einschlagen, längsseits aufrollen. Capuns in eine gebutterte Pfanne legen. Bouillon aufgießen, zugedeckt 15–20 Minuten knapp unter dem Siedepunkt ziehen lassen. Mit einer Schaumkelle herausnehmen, auf einer Platte warm stellen, mit Parmesan bestreuen.
Butter in einem Pfännchen aufschäumen lassen, restliche Salsiz-Speck-Mischung dazugeben, 2 Minuten rösten lassen und über die Capuns geben. Mit Petersilie bestreuen.

ZUTATEN

800 g möglichst kleine neue Kartoffeln, gekocht mit Schale, halbiert
500 g Raclette-Käse, in Scheiben geschnitten
4 Birnen, gut gereift, geschält, geviertelt, entkernt und in nicht zu dünne Scheiben geschnitten
2 Äpfel, geschält, geviertelt, entkernt und in nicht zu dünne Scheiben geschnitten
120 g Mixed Pickles
Meersalz, schwarzer Pfeffer aus der Mühle
Currypulver, Paprikapulver, mittelscharf
100 g Butter, zerlassen

RACLETTE-GRATIN MIT KARTOFFEL, APFEL, BIRNE

ZUBEREITUNG

Kartoffeln in gebutterte Gratinförmchen verteilen, die Birnen, Äpfel und Mixed Pickles darübergeben, mit Meersalz, Pfeffer, Currypulver und Paprika würzen (alternativ: Raclette-Gewürzmischung), Käse darüberlegen, im vorgeheizten Ofenrohr bei 180–200° C ca. 15 Minuten überbacken, bis sich auf dem Käse eine leichte Kruste gebildet hat.

ZUTATEN

Kalbszüngli

2–3 Kalbszungen, ca. 1 kg
2 l Wasser
2 Zwiebeln, geschält, halbiert
2 Karotten, geschält und halbiert
1 Stange Lauch, gewaschen und halbiert
Sellerieknolle, geputzt
3 Lorbeerblätter
5 Nelken
10 Pfefferkörner

Morchelsauce

30 g getrocknete Morcheln
80 g Butter
40 g Mehl
¾ l Zungenbrühe
Morchelwasser
Crème fraîche
Meersalz, schwarzer Pfeffer aus der Mühle

Berner Rösti

1 kg Kartoffeln, festkochend
1 EL Kümmel
125 g fetter Speck, fein gewürfelt
Meersalz

KALBSZÜNGLI MIT MORCHELSAUCE

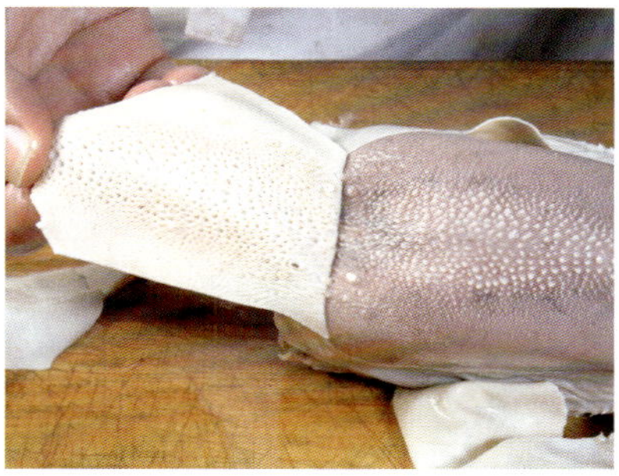

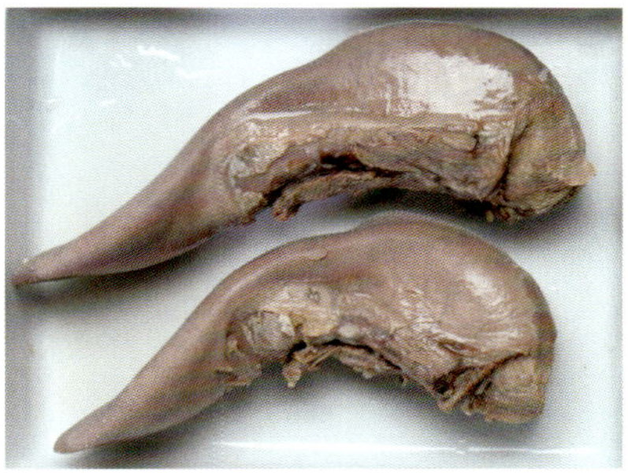

ZUBEREITUNG

Morcheln mindestens 3 Stunden in etwas Wasser einweichen (Wasser aufheben). In einem geeigneten Topf Kalbszungen mit Wasser zum Kochen bringen. Gemüse und Gewürze zufügen und die Zungen bei milder Hitze etwa 1½ Stunden gar ziehen lassen (simmen). Die Zungen sind gar, wenn die Zungenspitze weich ist. Die gekochten Zungen herausnehmen, die Haut abziehen sowie Knorpel und Weichteile entfernen. Zugedeckt im Sud warm halten.
Die Morcheln aus dem Einweichwasser nehmen, ausdrücken und unter fließendem Wasser eventuelle Sandreste abwaschen. Die Morcheln in feine Scheiben schneiden.
Das Einweichwasser durch einen Kaffeefilter gießen. In einer geeigneten Kasserolle die Butter schmelzen, Mehl hinzufügen und anschwitzen. Nach und nach mit einem halben Liter durchgesiebter Zungenbrühe sowie dem Morchelwasser auffüllen, Morchelscheiben zufügen und etwa 15 Minuten zu sämiger Konsistenz köcheln lassen. Mit Crème fraîche, Meersalz und schwarzem Pfeffer abschmecken.
Die Zunge in 1 cm feine Scheiben schneiden, mit Morchelsauce überziehen. Mit Zitronenscheiben und Petersilie garniert servieren. Berner Rösti und die restliche Sauce separat dazu reichen.

Berner Rösti

Die Kartoffeln in Salz-Kümmel-Wasser gar kochen, abschrekken und noch heiß schälen. Über Nacht zugedeckt stehen lassen, dann grob raspeln.
Den Speck in einer Pfanne auslassen, die Kartoffelmasse dazugeben und so lange wenden, bis die Kartoffeln das Fett ganz aufgenommen haben, beiseite stellen.
Die Speck-Kartoffel-Masse in einer anderen, heißen Pfanne (möglichst beschichtet) zu einem flachen Kuchen zusammendrücken, so daß sie den Pfannenboden gleichmäßig bedeckt. Braten, bis die Unterseite goldbraun ist.
Nun den Kartoffelkuchen mit Hilfe eines Teller oder Deckels wenden. Wenn auch die zweite Seite goldbraun ist, das Rösti aus der Pfanne nehmen und heiß servieren.

AARGAUER RÜBLITORTE

ZUTATEN

250 g Karotten, geschält und fein geraspelt
5 Eiweiß
5 Eigelb
175 g Zucker
250 g Mandeln, fein gemahlen
100 g Mehl
1 Prise Zimt
1 Prise Salz
1 TL Backpulver
200 g Puderzucker, für den Guß
12 Marzipanrüblis, als Deko
2 EL Wasser oder Zitronensaft

ZUBEREITUNG

Das Eigelb mit dem Zucker schaumig schlagen. Eiweiß zu sehr steifem Schnee schlagen. Mehl, Mandeln, Backpulver, Zimt und Salz vermischen. Die Mehlmischung und den Eischnee nach und nach unter die Eigelbmasse heben. Zuletzt die geraspelten Karotten unterziehen. Die Masse in eine gefettete Springform (Ø 26 cm) füllen und sofort im vorgeheizten Ofen 60 Minuten bei 175° C backen.
Für den Zuckerguß den Puderzucker mit ein bis zwei Eßlöffeln Wasser oder Zitronensaft vermischen, den abgekühlten Kuchen damit bestreichen und mit Marzipanrüblis dekorieren. Je nach Geschmack kann der Kuchen auch mit geschlagener Sahne bestrichen werden.

GENFER QUARKPASTETE

ZUTATEN

750 g fertiger Blätterteig

Füllung:

350 g Quark
75 g Zucker
3 Eigelb
3/4 TL Zitronenabrieb
3/4 TL Orangenabrieb
2 EL Zitronensaft
2 EL Orangensaft
20 g Vanillezucker
10 g Grieß
50 g Mandeln, fein gerieben
100 g Rosinen
3 Eiweiß, aufgeschlagen, zum Bestreichen

ZUBEREITUNG

Die Zutaten der Füllung sorgfältig miteinander vermischen.
Den Blätterteig in zwei gleichgroße, lange Rechtecke auswallen, das eine Stück als Boden auf ein Backpapier legen.
Die Füllung auf den Teigboden streichen, so daß ringsum ein ca. 2 cm breiter Rand bleibt. Die Teigränder nun mit Eiweiß bestreichen und den Deckel auf die Füllung legen. Die Ränder sorgfältig andrücken.
Nun das Deckelstück streifenweise einschneiden, ohne daß der Teigrand verletzt wird. Die Pastete mit Eiweiß bestreichen und bei ca. 160–180° C im vorgeheizten Backofen etwa 30–45 Minuten goldbraun backen.

Weißweine

CHASSELAS GUTEDEL ODER FENDANT

Chasselas Gutedel ist eine Kelter- und Tafeltraube, die häufigste Sorte in vielen Gebieten der Schweiz, am Genfersee, am Lac du Neuchâtel, am Zürichsee bzw. im oberen Rhônetal, im Tal der Aare und im Rheintal. Manche Anbaugebiete sind nur einige Hektar groß. Beim Anbau der weißen Rebsorten ist der Chasselas mit 45 Prozent der Gesamtanbaufläche führend.
In der Schweiz ist diese Rebsorte in klösterlichen Urkunden als Fendant seit dem 15. Jahrhundert erwähnt.

DÉZALEY CLOS DES ABBAYES, AOC

Ville de Lausanne

Der blaß goldgelbe Wein schmeckt fruchtig und intensiv, mit einem komplexen Aroma. Nach der Ernte werden die Trauben sofort gepreßt und in Edelstahlgebinden vergoren. Die Weine lagern ca. zehn Monate im Stahltank, bis sie zur Abfüllung gelangen. Der Wein eignet sich als Apéritif, zu Süßwasserfischen, Berg- und Weichkäsen sowie zu diversen Vorspeisen.

DÉZALEY CHEMIN DE FER, AOC *Luc Massy*

Besitzt ein komplexes Bouquet mit Aromen von Honig und Karamel sowie Holunderblüten. Wird ebenfalls in Edelstahlgebinden vergoren (Kaltgärung, um die Aromen voll zum Ausdruck zu bringen).

Rotweine

CUVÉE SYRAH, AOC *Charles Bonvin Fils*

Ein Wein mit satter Farbe und würzigem Bukett, Düfte von Brombeeren und Schwarzbeeren. Die Trauben werden Ende September von Hand gelesen. Nach einer sanften Pressung wird der Most kalt geklärt und dann im Stahltank vergoren. Die anschließende Reifung verbringt ein Teil in Holzfässern und ein anderer Teil im Stahltank. Paßt zu Rindsfilet, Karbonade, Fisch, Wild, Schweizer Käsespezialitäten.

Süßwein

MERLOT ARTÙ, DOC *Cantina Il Cavaliere*
Ein harmonischer, feiner und eleganter Wein. Die Trauben werden von Hand gelesen. Der Most vergärt in Stahltanks. Wird teilweise in Barriques, teilweise im Eichenholzfaß vergoren. Danach wird der fertige Jungwein stabilisiert und umgefüllt, um während des ganzen Jahres zu reifen. Vor der Abfüllung in Flaschen wird der Wein aus den verschiedenen Fässern miteinander assembliert.

CUVÉE OR, AOC *Charles Bonvin Fils*
Komplexe Aromen nach kandierten Früchten, Ananas, Aprikose, Mango, Honig. Die Trauben werden im späten Herbst von Hand gelesen. Nach einer sanften Pressung wird der Most kalt geklärt und dann alkoholisch vergoren. Der Wein wird im Barrique auf der Hefe belassen und immer wieder aufgerührt (*bâtonnage*). Der Dessertwein eignet sich besonders zu Tarte Tatin oder ähnlichem und ist ein wunderbarer Begleiter zu Gerichten mit Stopfleber oder zu reifen Käsen.

Spirituosen

In der Schweiz werden hochwertige Fruchtbrände hergestellt, wie zum Beispiel Pflümli, Vieille Prune oder Kirsch vieux aus dem Gut Mädikon.
Das Haus Morand produziert Williamine, Kirsch vieux, Mirabelle sowie den weltbekannten Framboise.

ZUTATEN

Käsefondue traditionell

5 Tomaten, geschält und gewürfelt
2 Knoblauchzehen, gepreßt
2 Zwiebeln, fein gehackt
25 g Butter
375 ml Weißwein, trocken (Chasselas)
750 g Gruyère, gerieben
450 g Emmentaler, gerieben
ca. 50 g Speisestärke
5 cl Kirschwasser
Pfeffer, schwarz
Muskatnuß
etwas frischer Majoran, gezupft
etwas frischer Oregano, gezupft

Tessiner Fondue

600 g Gruyère, mild, gerieben
300 g Sbrinz, gerieben
150 g Gorgonzola, zerbröckelt
50 g Sardellen, fein gehackt
50 g Kapern
30 Oliven, schwarz, entsteint, grob gehackt
200 g Mozzarella, in Würfel geschnitten
50 g Maisstärke
5 cl Grappa
500 ml Weißwein, trocken (Chasselas)
schwarzer Pfeffer aus der Mühle
1 Bund Basilikum, fein gehackt
1 Bund Oregano, fein gehackt
100 g getrocknete Tomaten, fein geschnitten

DER SCHWEIZER NATIONALSTOLZ – FONDUE

ZUBEREITUNG

Käsefondue traditionell

Tomaten, Knoblauch und Zwiebeln in etwas Wasser und Butter andünsten, mit Weißwein ablöschen. Dazu geriebenen Gruyère und Emmentaler geben, auf kleiner Flamme unter kräftigem Rühren aufkochen.
Stärke in Kirschwasser auflösen und unterrühren (auf Konsistenz achten). Nochmals kurz aufkochen und mit Pfeffer, Muskat, Majoran und Oregano abrunden.
Baguette oder Brot, aber auch Kartoffeln und Gemüse eignen sich vorzüglich für das Käsebad.

Tessiner Fondue

Käse, Oliven und Sardellen in das »Caquelon« geben. Den Weißwein dazugießen, unter ständigem Rühren zu einem sämigen Fondue köcheln.
Kapern und klein geschnittene Tomaten beifügen, mit Kräutern und Pfeffer würzen.
Maisstärke in Grappa auflösen und unterrühren (auf Konsistenz achten).
Dazu werden Brotwürfel gereicht.

Gurkenfaß
Salzgurken die Sauren 1,00
Gewürzgurken süß-sauer 1,00
Pfeffergurken feurig-scharf 1,00
Senfgurken fruchtig-knackig 1,00
Knoblauchgurken extra-pikant 1,00
Auch zum mitnehm
Sellerie
Wacholderbeeren
Senfkörner
HAMBURG
Pfeffergurke
stk 1,-
Salzgurke
stk. 1,-
Knoblauchgurke
stk. 1,-
Gewürzgurke
stk 1,-

Guten Appetit!

Darf ich ausnahmsweise wir sagen? Ich gehöre nämlich dem Stamm an, von dem hier die Rede ist. Was mir an uns, den Deutschen, auffällt, ist, daß wir uns, nach einem beispiellosen Anfall von Aggressivität, eine sonderbar defensive Haltung angewöhnt haben. Dafür gibt es viele Indizien. Unsere Bosse und unsere Werbefritzen sprechen am liebsten ein schauderhaftes Englisch, als wäre ihnen das Deutsche, das sie oft nur annähernd beherrschen, nicht gut genug. Die Bundeswehr ist eine absolut harmlose Vereinigung. Wer sich immer noch vor uns fürchtet, wie zum Beispiel unsere polnischen Nachbarn, hat nicht begriffen, wie hasenherzig wir sind. Das macht sich auch bemerkbar, wenn es ums Essen geht.

Denn da drohen tausend Gefahren. Wer einfach ißt, was er will, wann er will, soviel er will, der hat hierzulande einen schweren Stand. Warum achtet er nicht auf sein Gewicht? Warum widersetzt er sich den Empfehlungen der Diätberater? Und ist das, was er zu sich nimmt, auch ökologisch einwandfrei, fördert es seine Fitneß? Oder steht gar etwas potentiell Krebserregendes auf dem Beipackzettel? Soviel zur latenten Panik, die einem leicht den Appetit verderben kann.

Auf der anderen Seite schüchtern uns die Kenner ein, die uns predigen, daß, wie bei einer Olympiade, nur die Spitzenleistungen zählen. Dies oder jenes, belehren uns die Fernsehköche, sei nun einmal der aktuelle Trend, um nicht zu sagen, der neue Kult. Denn mit dem, was wir bisher gegessen haben, könnten wir, international gesehen, nicht mithalten und schon gar nicht punkten.

Aber warum eigentlich nicht? Man wirft uns vor, daß wir nicht genügend Geld ausgeben für das, was wir uns einverleiben; wir seien, wie es vornehm heißt, allzu preissensibel. Wenn das so ist, handelt es sich tatsächlich um ein besonders unappetitliches Laster, nämlich um Geiz. Nur – der Kritiker, der daraus den Schluß zieht, mit der deutschen Küche sei es nicht weit her, der irrt sich sehr. Ein bißchen mehr Selbstvertrauen, wenn ich bitten darf! Es muß wahrhaftig nicht immer der Inder, der Italiener, der Thai oder der Japaner mit seinem Sushi sein. Denn manchmal liegt das Gute nah. Wer einen proletarischen Touch bevorzugt, kann in Berlin fündig werden, mit Eisbein, Erbsensuppe und Bulette. Die Aalsuppe schmeckt am besten in Hamburg. Der Süden kann mit Schweinshaxen und Leberknödeln aufwarten. Wem der Sinn nach Feinerem steht, bitte! In Baden wird er auf seine Kosten kommen. Und wo gäbe es besseres Brot, bessere Würste, bessere Mehlspeisen als in Deutschland?

Na also. Lassen wir uns nicht einschüchtern! Sagen wir es grad heraus: Niemand braucht sich vor uns zu fürchten, und schon ganz und gar nicht vor dem, was wir essen.

„Leichtsinn mit Schuß"
Riesling Perlwein mit Holunderblütensaft

Buttermilchsuppe mit Birnen und Speck

Allgäuer Krautkrapfen

Wildschweinbraten mit Brezenknödeln
und Preiselbeeren

Berliner Luft

Obstler

Riesling – deutscher Wein mit Weltruf

Die Geschichte des deutschen Rieslings geht zurück bis ins 15. Jahrhundert. Vom oberen Rheintal aus wurde er gegen Ende des Mittelalters in fast alle deutschen Anbaugebiete verbreitet. Die erste Erwähnung unserer heutigen »Riesling-Traube« findet sich im »Kreuterbuch« des Botanikers Hieronymus Bock aus dem Jahre 1552. Wegen ihrer geringen Erträge und der späten Reife konnte sie sich allerdings nur sehr langsam etablieren. Gerätselt wird bis heute über die Namensableitung – die Meinungen darüber sind sehr unterschiedlich. Der Name könnte vom »Verrieseln« abstammen, oder diese Rebe trägt ihn aufgrund ihres hohen Säuregehalts. Andere wiederum leiten sie von »edles Reis« ab oder von »Rusling« (dunkles Holz). International wird unser Riesling meist als »Rheinriesling« bezeichnet. Mit dem Welschriesling, wie es ihn in Österreich, Slowenien und Italien gibt, hat er nichts gemein.

Heute hat diese weiße Rebsorte eine so große Bedeutung erlangt, daß sie als Edelrebe bezeichnet wird. Deutsche Rieslingweine genießen ein hohes Ansehen, auch auf dem internationalen Markt, sie werden in guten Jahren zu Höchstpreisen gehandelt. Hierzulande wächst diese Verwandte der Wildreben in allen deutschen Anbaugebieten und nimmt eine Fläche von mehr als 21.000 Hektar ein, was etwa 20% der gesamten deutschen Rebfläche entspricht. Zu den wichtigsten Anbaugebieten zählen Rheingau, Mosel-Saar-Ruwer, die Pfalz, Rheinhessen sowie Württemberg, Baden und Nahe. Die Rieslingtraube stellt hohe Anforderungen an ihre Lage, nicht so sehr an die Böden. Sie reift sehr spät. Optimal geeignet sind Steillagen an Flußufern, wie etwa am Rhein, weil sie wärmespeichernd und steinig sind. Die Schieferlagen gehören aufgrund einer besonderen Mineralität zu den besten Rieslingreben der Welt, da sich die mineralische Note auch auf den Geschmack auswirkt. Eine Ausnahme stellt das Rheingau dar. Hier werden zu 80% Rieslingsweine ausgebaut, die fast ausschließlich zur Spitzenklasse gehören. Hier einige Beispiele:

Das WEINGUT AUGUST ESER mit seinen kernig trockenen, aber auch fruchtig eleganten Rieslingen mit dezenter Süße. Hier wird für jeden Wein eine Expertise erstellt und mitgeliefert (Lagen u. a.: *Oestricher Lenchen, Winkeler Hasensprung, Mittelheimer Edelmann*). Eine Besonderheit stellt der Perlwein *Leichtsinn* dar oder der *Rauenthaler Rothenberg Riesling Spätlese.*

Das WEINGUT ROBERT WEIL mit rassig fruchtigen, eleganten Rieslingen, vorwiegend trocken und halbtrocken ausgebaut. Berühmt ist das Weingut für seine edelsüßen Rieslinge, die weltweit begehrte Raritäten sind (Lage u. a.: *Kiedrich Gräfenberg*). Ein absolutes Spitzenprodukt ist die *Kiedricher Gräfenberg Riesling Beerenauslese.*

Das TRADITIONSGUT LANGWERTH VON SIMMERN mit kernigen Rieslingweinen voll harmonischer Säure, langlebig, frühestens im zweiten Jahr nach der Ernte trinkreif, edelste Spitzenweine (Lagen u. a.: *Hattenheimer Mannberg, Rauenthaler Baiken, Erbacher Marcobrunn*). Erwähnenswert wäre noch der *Langwerther Gutssekt.*

Das WEINGUT JOHANNISHOF H. H. ESER mit fruchtigen Rieslingweinen, deren ausgeprägtes Bouquet und kräftige Säure häufig durch eine leichte Restsüße gemildert werden (Lagen u. a.: *Johannisberger Hölle, Rüdesheimer Klosterlay, Winkeler Jesuitengarten*). Erwähnenswert ist der im Champagner-Verfahren hergestellte *Eser-Cabinet.*

Das WEINGUT G. H. VON MUMM mit herzhaft, klassischen, trockenen, teils fruchtig eleganten Rieslingweinen (Lagen u. a.: *Schwarzenstein, Hansenberg, Mittelhölle*). Erwähnenswert ist der *Rüdesheimer Berg Rottland Riesling »Erstes Gewächs«* (ca. 3% aller erzeugten Rheingau-Rieslinge erreichen diesen Status).

Spitzenrieslinge zeichnen sich im allgemeinen durch folgende Kriterien aus: selektive Handlese, mehrmaliges Auslesen der Trauben, begrenzte Erntemengen, schonende Verarbeitung, langsame, kontrollierte Gärung zur Bouquetentwicklung sowie Gärung im Holzfaß und kombinierter Ausbau im Edelstahltank.

Der Leichtsinn

Der *Rheingauer Leichtsinn* ist ein Perlwein, der aus ausgesuchten Rheingauer Rieslingweinen hergestellt wird. Es wird Wert darauf gelegt, daß die Weine typisch für die Region und von hoher Qualität sind. Charakteristisch sind die eigenwillige Flaschengestaltung und der eigentümliche Drehverschluß, der diesen leichten, mit Kohlensäure versetzten Perlwein so frisch hält.

Den *Rheingauer Leichtsinn* kann man pur genießen oder – als feinen Apéritif – mit einem Schuß Fruchtsaft.

ZUTATEN

500 g frischer durchwachsener Räucherspeck
500 g frische reife Birnen (keine Kochbirnen), gewaschen, geschält, geachtelt
150 g Rosinen
750 ml Buttermilch
50 g Mehl
Prise Zucker, je nach Geschmack
Meersalz
schwarzer Pfeffer aus der Mühle
250 g frische Nordseekrabben

BUTTERMILCHSUPPE MIT BIRNEN, SPECK UND KRABBEN

ZUBEREITUNG

Durchwachsenen Räucherspeck in ½ l Wasser zum Kochen bringen, dann zugedeckt auf niedriger Stufe ca. eine Stunde garen. Herausnehmen, abkühlen lassen und in 1 cm dicke Streifen schneiden. Die Birnen mit den Rosinen ca. 10 Minuten in der Speckbrühe gar ziehen lassen.
Die Buttermilch mit Mehl und etwas Zucker gleichmäßig vermischen, dann unter beständigem Rühren langsam erhitzen.
Die Brühe mit den Birnen und Rosinen dazugeben und ca. weitere 10 Minuten ziehen lassen, aber nicht kochen (gerinnt sonst sofort), mit Salz und Pfeffer abschmecken.
Speckstreifen in einer Pfanne goldgelb anrösten, auf die Teller verteilen, mit der Buttermilchsuppe übergießen und sofort servieren.
Frische Nordseekrabben in Butter leicht erwärmen und über die fertige Suppe streuen.

ZUTATEN

Teig

500 g Mehl
3 Eier
125 ml Milch
Prise Salz,
1 TL Öl oder Butterschmalz

Füllung

750 g Sauerkraut, gewaschen
1 Zwiebel, geschält, fein gehackt
30 g Butterschmalz
200 g durchwachsener Speck
3 Lorbeerblätter
5 Wacholderbeeren
Salz
Zucker,
je nach Geschmack

ALLGÄUER KRAUTKRAPFEN

ZUBEREITUNG

Das Kraut schmeckt besser, wenn man es schon am Vortag kocht.
Zwiebeln in Butterschmalz goldgelb andünsten, Sauerkraut, Speck, Lorbeerblätter und Wacholderbeeren dazugeben, mit 500 ml Wasser aufgießen und ca. eine Stunde einkochen lassen. Mit Salz und Zucker abschmecken, kalt stellen.

Mehl auf ein Nudelbrett sieben und in der Mitte eine Vertiefung mit der Hand eindrücken. Milch, eine Prise Salz, Öl und Eier in die Vertiefung geben. Einen Teig herstellen und kräftig durchkneten., ca. eine Stunde ruhen lassen.
Den Teig in zwei Portionen teilen und dünn auswallen, das Sauerkraut darauf verteilen. Fest aufrollen und in ca. 5 cm lange Stükke schneiden. Krautkrapfen stehend oder liegend in einer Pfanne mit heißem Butterschmalz kräftig anbraten und danach wenden. Mit wenig leicht gesalzenem Wasser aufgießen und zugedeckt ca. ½ Stunde bei mittlerer Hitze garen. Sofort servieren.

ZUTATEN

Brezenknödel

10 Brezen oder Brezenstangen vom Vortag, mittelfein geschnitten
oder gewürfelt (Bäckerei)
1 große Zwiebel, geschält und fein gehackt
250 ml Milch
2 Bund Petersilie, fein gehackt
4 Eier
Salz, evtl. Semmelbrösel
30 g Butter

ZUBEREITUNG

Brezenknödel

Die Brezenscheiben mit heißer Milch übergießen und 20–30 Minuten quellen lassen, 3–4mal wenden.
Zwiebeln in der Butter glasig dünsten.
Die Brezenmasse mit den Zwiebeln, gehackter Petersilie, Eiern und Salz gut durchkneten, evtl. etwas Semmelbrösel zugeben, wenn der Teig zu weich ist.
Mit feuchten Händen 8 Knödel formen und im kochenden Salzwasser ca. 25 Minuten gar ziehen lassen.

WILDSCHWEINBRATEN MIT BREZENKNÖDELN UND PREISELBEEREN

ZUTATEN

1,5 kg Wildschweinkeule
ohne Knochen,
2 Tage in Buttermilch einlegen
200 g Röstgemüse (Lauch, Karotten,
Sellerie, Schalotten), grob geschnitten
700 ml Rotwein, halbtrocken
6 Wacholderbeeren, zerdrückt
3 Lorbeerblätter
5 Pfefferkörner, zerdrückt
5 Pimentkörner, zerdrückt
1 Bund frischer Thymian, gezupft
100 g Butterschmalz
Preiselbeergelee,
je nach Geschmack
scharfer Senf, je nach Geschmack,
Meersalz
schwarzer Pfeffer aus der Mühle

DEUTSCHLAND

ZUBEREITUNG

Fleisch kalt abspülen, trocken reiben.
Mit Salz und Pfeffer würzen.
Butterschmalz erhitzen und das Fleisch von allen Seiten scharf anbraten. Herausnehmen und das Gemüse anrösten. Mit Rotwein ablöschen, restliche Gewürze dazugeben, alles zusammen in einen Bräter geben und bei 180° C ca. 2–2 ½ Stunden im vorgeheizten Ofen garen, dabei regelmäßig mit Bratfond übergießen (wenn nötig, etwas Wasser nachgießen).
Braten herausnehmen, warm stellen, Sauce abseihen. Mit etwas Preiselbeergelee und scharfem Senf abrunden. Mit Brezenknödeln servieren.

Obstler – von Apfelbrand bis Zwetschgenwasser

Als Obstler wird ein Brand bezeichnet, der aus Früchten hergestellt wird, wie z. B. Äpfel, Birnen, Aprikosen, Himbeeren, Erdbeeren, Johannisbeeren, Kirschen, Zwetschgen usw. Die Früchte werden gemaischt und dann einer alkoholischen Gärung unterworfen. Daraus gewinnt man durch Destillation, also Brennen, ein Spitzenprodukt. Wobei die Qualität von den zur Herstellung verwendeten Früchten abhängt. Das Brennobst sollte den optimalen Reifegrad erreicht haben, so daß ein ausgeprägtes Aroma vorhanden ist. Dies beeinflußt wesentlich die Qualität des Brandes.

Gute deutsche Brände sind z. B.: *Dornheimer Erdbeerbrand,* 41 Vol.-%; *Badischer oder Fränkischer Hagebuttenbrand,* 42 Vol.-%; *Schwäbischer Holunderbrand,* 45 Vol.-%; *Württemberger Johannisbeerbrand,* 40 Vol.-%; *Rötenberger Pfirsichwasser,* 40 Vol.-%; *Stockacher Schlehenwasser,* 40 Vol.-%; *Wasserburger Quittenwasser,* 40 Vol.-%; *Eggenfelder Vogelbeerenbrand,* 40 Vol.-%; *Kaiserstühler Zwetschgenwasser,* 42 Vol.-%; *Burkheimer Apfelbrand,* 42 Vol.-%; *Vogtsburger Birnenbrand,* 40 Vol.-%; *Badisches Mirabellenwasser,* 42 Vol.-%; *Bodensee-Obstler,* 40 Vol.-%; *Mosbacher Weißdornbrand,* 40 Vol.-%. Eine besondere Rarität ist der *Württemberger Speierlingsbrand* mit 40 Vol.-%.

Verwendet werden alle Arten von Obst wie:

Äpfel, z. B.: Rheinischer Bohnapfel, Rambour, Gravensteiner, sämtliche Renetten, Brettacher, Cox Orange, Kaiser Wilhelm, Trierer Weinäpfel,

Birnen, z. B.: Weinbirne, Mostbirne, Gelbmöstler, Alexander-Lucas-Birne, Flaschenbirne, Conference, Williams-Christbirne.

Kirschen, Zwetschgen, Mirabellen

BERLINER LUFT

ZUTATEN

125 g Zucker
1 Päckchen Vanillezucker
3 Eigelb
3 Eiweiß
Saft einer Zitrone
250 ml Birnensaft
125 ml süße Sahne
5 Blatt weiße Gelatine, in Wasser 10 Minuten quellen lassen
Löffelbiskuits
Fruchtsirup, je nach Geschmack

ZUBEREITUNG

Eigelb mit Zucker schaumig schlagen, Zitronensaft zugeben. Birnensaft erwärmen und ausgedrückte Gelatine darin auflösen. Den warmen Birnensaft nach und nach unter die Eimasse rühren.
Die Masse kaltstellen, bis sie gerade beginnt, fest zu werden. Eiweiß mit Vanillezucker steif schlagen und unter die Masse heben. In Glasschalen füllen, kaltstellen und fest werden lassen. Mit Löffelbiskuit und der geschlagenen Sahne verzieren.
Je nach Geschmack mit Fruchtsirup, z. B. Himbeer, garnieren.

DEUTSCHLAND

Vær så god! God apetitt!

Lieber Freund,
Sie haben sich eine Reise in das vorgenommen, was Sie für den »hohen Norden« halten. Sie scheinen sich das als eine Art Polarexpedition vorzustellen. Ich muß Sie enttäuschen, denn das Klima ist in den meisten Gegenden Norwegens ausgesprochen mild; nur wenn Sie im Winter kommen, müssen Sie sich an die lange Dunkelheit gewöhnen. Im Sommer dagegen sind die Nächte so hell, daß Sie schon dicke Vorhänge brauchen, wenn Sie schlafen wollen.

Ich fürchte aber, daß Sie ein Gourmet sind, und in diesem Falle sollten Sie sich auf einige Schwierigkeiten gefaßt machen. Norwegen war immer ein karges Land, und darauf haben sich seine Bewohner nicht nur seelisch, sondern auch kulinarisch eingerichtet. Fischer und Bauern werden dort politisch verehrt und klaglos subventioniert. Anders hätte es in den alten Zeiten kein Auskommen gegeben.

Daher die Spezialitäten, auf die Sie zählen können: der Kabeljau, soweit noch vorhanden; der beste Süß- und Sauerrahm Europas; das knusprige, hauchdünne *flatbrød*; die *lefser*, weiche Fladen, mit Rahm und Marmelade gefüllt; die nicht unbedingt empfehlenswerten Fischklößchen und Fischkuchen aus einer undefinierbaren weißen Masse; der braune, süßliche Ziegenkäse; und als Nachspeise die »Verschleierten Bauerntöchter«, die sich als Bratapfel mit Apfelmus, gerösteten Brosamen, Zimt und Schlagrahm enthüllen.

Viel, werden Sie sagen, sei das nicht. Es ist wahr, die Metzgerei ist ziemlich unterentwickelt, der Service beklagenswert. Ebba Drolshagen, eine beinharte Norwegerin, nimmt, was die Lokale auf dem Land angeht, kein Blatt vor den Mund: »Die warmen Gerichte, die in den *Kafés, Kafeterias* oder den Schnellimbissen serviert werden, sind oft sensationell schlecht.« Eine Art patriotischer Sozialismus hat ein übriges getan: Protektionismus und monopolistische Strukturen führten zu einem ärmlichen und überteuerten Angebot.

Aber dann kam das Öl. Und heute finden Sie in den großen Supermärkten eine märchenhafte Fülle; man versteigt sich bis zum französischen Camembert! In den Städten haben sich ein paar elegante, mörderisch teure Restaurants aufgetan, und selbst das staatliche Weinmonopol sucht den Konsum nicht mehr zu verhindern, sondern zu befördern. Gute Einkäufer sorgen für eine reiche Auswahl, nur die hohen Steuern sind geblieben.

Bergener Fischsuppe

Mariniertes Skeifilet
Feldsalat
Käsekrusties

Rehmedaillons im Speckmantel
Johannisbeer-Senf-Sauce
Bandnudeln

Verhülltes Bauernmädchen

Aquavit

Aquavit – das Lebenswasser

Aquavit wird aus sehr reinem (96 Vol.-%) und fast geschmacksneutralem, aus Kartoffeln oder Getreide gewonnenem Alkohol hergestellt. Dazu wird dieser mit Wasser, Kümmel und einer Gewürzmischung aus Koriander, Fenchel, Nelken oder Dill destilliert. Die Zusammensetzung der jeweiligen Gewürzmischung bestimmt den Charakter der einzelnen Marken. Dann werden neutraler Alkohol und destilliertes Wasser dazugefügt. Das Rohprodukt reift anschließend noch eine Zeitlang in Fässern, hochwertiger Aquavit stets in Holz. Teilweise werden auch gebrauchte Sherryfässer befüllt.

LINIE AQUAVIT – DER BESONDERE

1850 sollte der Schoner *Gymer* eine Schiffsladung Aquavit von Norwegen nach Australien bringen. Auf der langen Reise wurde die Schiffsladung gut durchgeschüttelt und der Inhalt der Fässer hin und her gerollt.

Als die *Gymer* nach langer Fahrt in Australien ankam, stellte sich heraus, daß der Auftraggeber für die Aquavitladung in der Zwischenzeit verstorben war. Der Kapitän entschloß sich daher, die Ladung wieder mit nach Norwegen zu nehmen. Der Aquavit überquerte also zum zweiten Mal den Äquator, die *Linie* (englisch *Line*). Als man, wieder in Norwegen angekommen, den Aquavit kostete, schmeckte er viel feiner und milder als vor der Abreise. Das kam daher, daß er in Fässer abgefüllt worden war, in denen sich vorher Oloroso-Sherry befunden hatte. Bei der Schaukelei auf dem Schiff nahm der Aquavit etwas von dem Geschmack des Sherrys an und hatte noch länger Zeit zu reifen.
Noch heute wird der Linie Aquavit auf die weite Seereise geschickt; Versuche, die Schiffsreise an Land zu simulieren, hatten nicht zu dem gewünschten Erfolg geführt.

Die Reederei Wilhelm Wilhelmsen führt diese Seereise durch. Auf der Rückseite des Etiketts (durch die Flasche sichtbar) steht immer, wann und mit welchem Schiff der Linie Aquavit den Äquator überquerte.

Wikinger-Met, alkoholfrei

2 l Wasser
250 g brauner Zucker
1 unbehandelte Zitrone, geschält
und in Scheiben geschnitten
500 ml Malzbier
2 g Hefe
Würfelzucker
Rosinen

Das Wasser zum Kochen bringen und den Zucker einrühren. Zitronenscheiben und Schalen ins Wasser geben. Das Wasser nun auf 25° abkühlen lassen. Hefe mit etwas kaltem Wasser und dem Malzbier verrühren und zum Zitronenwasser geben. Met bis zum nächsten Tag stehen lassen. Dann durch ein Sieb in Flaschen füllen. In jede Flasche ein Stück Würfelzucker sowie eine Rosine geben und gut verschließen.
Met mindestens eine Woche kühl stellen, dann ist er trinkfertig. Er sollte aber nicht länger als drei bis vier Wochen aufbewahrt werden.

Biskop – der Bischof,
ein norwegischer Wintertrunk

1 Flasche trockener Rotwein
Saft von 2 Orangen
125 g Puderzucker
1 Stück Pomeranzenschale, grob zerbröselt
kochendes Wasser

Puderzucker und Orangensaft im Wein verrühren, Pomeranzenschale dazugeben.
Mit kochendem Wasser aufgießen.
Wenn Sie einen stärkeren Pomeranzengeschmack wünschen, kochen Sie die Schale in ein wenig Wasser auf, bevor Sie sie in den Wein geben.

SOLO

Solo ist ein kohlensäurehaltiges Getränk mit Apfelsinengeschmack, das in Norwegen seit 1934 produziert und verkauft wird. Solo hatte 2005 nur noch 7% Marktanteil, war aber bis in die sechziger Jahre die im Land meistverkaufte Brause, bis es von Coca-Cola und Pepsi eingeholt wurde. In Spitzenzeiten hatte die Marke bis zu 25% Marktanteil.

Biere

MACK BRYGGERI

Die Mack Bryggeri in Tromsø ist die nördlichste Brauerei der Welt. Seit 1877 wird hier, nördlich des Polarkreises, Bier gebraut.
Für das *Isbjørn-* (Eisbär-) Pils verwendet die Brauerei Mack eine andere Art Hopfen als beim »normalen« Mack-Pils, nämlich den sogenannten Aroma-Hopfen. Mit Hilfe einer neuen Herstellungsweise hat man den Effekt des Malzes gemindert. Das Ergebnis ist ein leichtes und wohlschmeckendes Pilsner mit 4,5 Vol.-%, das in Fülle und Geschmack dem kontinentalen Pils nahekommt.

AASS BRYGGERI

Drammen bei Oslo besitzt eine im Jahre 1840 gebaute Brauerei (Aass Bryggeri), die älteste Norwegens. Sie braut nach dem deutschen Reinheitsgebot von 1516.

AASS GENUINE PILSNER:
Der Klassiker mit 5,5 Vol.-%

AASS BOCK:
Dieses Bier mit Lakritz-, Malz- und Karamelaroma hat 5,9 Vol.-%.

AASS JULEØL:
Eines der sogenannten Weihnachtsbiere mit 5,5 Vol.-%.

ZUTATEN

600 g gemischter Fisch
(Schellfisch, Heilbutt, Lachs oder Dorsch),
filetiert und enthäutet/entgrätet
200 g Karotten, geschält und
in kleine Würfel geschnitten
2 Kartoffeln, geschält und in kleine Würfel
geschnitten
2 Zwiebeln, geschält und fein gehackt
1 Stange Lauch, in feine Julienne geschnitten
¼ Knollensellerie, geschält und
in kleine Würfel geschnitten
1 l Fischbrühe
1 Bund Petersilie, fein gehackt
1 Bund Dill, fein gehackt
Saft einer Zitrone
125 ml süße Sahne
125 ml saure Sahne
Meersalz
schwarzer Pfeffer aus der Mühle

BERGENER FISCHSUPPE

ZUBEREITUNG

Den gewaschenen, enthäuteten und entgräteten Fisch in Würfel mit 1 cm Seitenlänge schneiden, mit Zitronensaft beträufeln und salzen.
Nun Zwiebeln, Karotten, Kartoffeln und Sellerie in der Fischbrühe ca. 12–15 Minuten köcheln lassen.
Die Fischstücke und den Lauch zugeben und 10 Minuten in der Fischbrühe gar ziehen lassen. Süße und saure Sahne miteinander verquirlen und in die Suppe geben, nicht mehr kochen lassen. Mit Salz und Pfeffer abschmecken und mit den gehackten Kräutern bestreuen.
Dazu Lefse-Brot servieren.

Mørlefse-Brot

200 g saure Sahne
200 g Dickmilch
50 ml Zuckersirup
50 g Zucker
3 Päckchen Backpulver
500 g Weizenmehl

Saure Sahne, Dickmilch, Sirup und Zucker verrühren. Das mit Backpulver vermischte Mehl dazugeben, den Teig durchkneten (er soll nicht zu fest sein). Den Teig zu einer Rolle formen, die Rolle in sechs gleichgroße Stücke schneiden und zu runden Fladen von etwa 25 cm Durchmesser ausrollen, mit einer Gabel mehrfach einstechen. Im vorgeheizten Backofen bei 220° C 5–7 Minuten ausbacken.

ZUTATEN

600–800 g Filet vom Skrei
(gehört zur Gattung der Dorschfische, wird auch Wander- oder Winterkabeljau genannt) oder vom normalen Kabeljau
100 ml Apfelsaft
100 ml Aquavit
50 g brauner Zucker
125 ml Olivenöl extra vergine
2 Limonen, Zesten abziehen, anschließend entsaften
Meersalz, grob
schwarzer Pfeffer aus der Mühle

Käsekrusties

Toastscheiben in Öl ausbacken, mit sogenanntem Brunost (Gudbrandsdalsost, der typisch norwegische karamelfarbene Käse) belegen und überbacken.

MARINIERTES SKREIFILET
FELDSALAT
KÄSEKRUSTIES

ZUBEREITUNG

Limonenzesten kurz in kochendem Wasser blanchieren und abtropfen lassen. Anschließend mit Apfelsaft, Aquavit, Limonensaft, Zucker und Pfeffer zu einer Marinade verrühren. Zum Schluß das Olivenöl kräftig unterrühren, so daß eine leichte Emulsion entsteht.

Das Skreifilet in feine Streifen schneiden und in der Marinade mindestens 30 Minuten lang ziehen lassen.

Die Fischstreifen aus der Marinade nehmen und kurz mit Küchenkrepp abtupfen, dekorativ auf Tellern auflegen, mit grobem Meersalz und schwarzem Pfeffer bestreuen. Mit Käsekrusties servieren.

NORWEGEN

ZUTATEN
ca. 1 kg Rehrücken, ausgelöst und zugeputzt
(von Sehnen und Flachsen befreit)

Marinade
Den Rehrücken mit einer Mischung aus
3 Teilen Olivenöl, 1 Teil Zitronensaft und
10 zerstoßenen Wacholderbeeren bestreichen und ca. 48 Stunden im Kühlschrank ziehen lassen.

8 dünne Scheiben Speck
150 g Butter
20 g Mehl
250 ml Wildbrühe
125 ml süße Sahne
125 ml saure Sahne
100 g körniger Senf, mittelscharf
150 g Johannisbeergelee
Meersalz
schwarzer Pfeffer aus der Mühle

REHMEDAILLONS IM SPECKMANTEL
JOHANNISBEER-SENF-SAUCE
BANDNUDELN

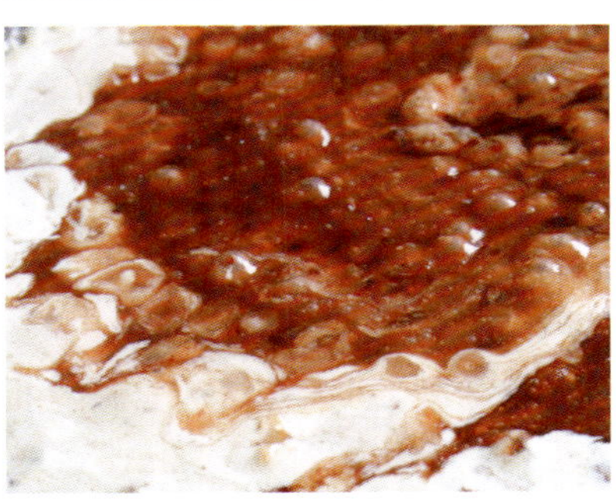

ZUBEREITUNG

Rehrücken in 6–8 gleich lange Stücke schneiden, mit Speck umwickeln und festspießen.
Die Medaillons in einer heißen Pfanne ca. 2 Minuten von allen Seiten gut anbraten, dann beiseite stellen und abgedeckt 10 Minuten ruhen lassen.
In der Bratpfanne die Butter schmelzen, das Mehl zugeben und leicht anbräunen, mit der Wildbrühe ablöschen und etwa auf ¾ einkochen.
Das Johannisbeergelee und den Senf zugeben, alles glatt rühren und 2 Minuten leicht köcheln lassen. Mit Sahne und Sauerrahm auffüllen und mit Salz und Pfeffer abschmecken. Ziehen, aber nicht mehr kochen lassen.
Die Rehmedaillons auf eine vorgewärmte Platte geben und mit der Sauce überziehen.
Dazu reicht man in Butter geschwenkte Bandnudeln.

ZUTATEN

4 saure Äpfel, geschält
und entkernt,
oder 300 g fertiges Apfelmus
250 g geriebenes trockenes
Schwarzbrot
75 g Zucker
1 TL Zimt
25 g Butter
250 ml süße Sahne
etwas Himbeermarmelade

VERHÜLLTES BAUERNMÄDCHEN

ZUBEREITUNG

Das beste Apfelmus kochen Sie selbst: Dazu Äpfel in kleine Stücke schneiden und in wenig Wasser dünsten (darauf achten, daß das Mus nicht zu wäßrig wird), bis sie mürbe sind, aber nicht vollkommen zerfallen. Mit Zucker abschmecken, pürieren und kalt stellen.

In einer beschichteten Pfanne Butter zerlassen, das Brot mit Zucker und Zimt unter ständigem Rühren goldgelb rösten. Abkühlen lassen.

Sahne steif schlagen. Apfelmus, Brot, Himbeermarmelade und Sahne schichtweise in Porzellanschalen füllen, mit Schlagsahne als letzter Schicht.

Sofort nach der Zubereitung servieren.

Nª. Srª. de Fatima

Bom proveito!

Lieber Roberto, Lügen haben kurze Beine. Daher bin ich lieber gleich geständig: Das Beste an Portugal ist nicht die Küche. Es sind die Portugiesen. Du wirst sie liebenswürdig, höflich, stolz und melancholisch finden. Hektik und Wichtigtuerei sind ihnen fremd, und wenn Du die schlimmsten Hotelklötze an der Algarve meidest, findest Du immer noch genug, was Dich, den Anspruchsvollen, entschädigen wird für manches, was Du entbehren wirst.

Nichts, natürlich, gegen das Wildkaninchen in Rotwein, mit Pilzen und Tomaten, oder ein *caldo verde*, die Gemüsesuppe, zu der, wenn es mit rechten Dingen zugeht, eine Art Grünkohl gehört, die Dir vermutlich neu ist. Fischsuppe, Schaf- und Ziegenkäse, allerhand Mandelgebäck – geschenkt! An die Schweinelendchen mit Muscheln wirst Du Dich vielleicht gewöhnen, aber ob Dir das mit dem unvermeidlichen *bacalhau* gelingt? Da bin ich mir nicht sicher.

Diese Nationalspeise, der Stock- oder Klippfisch, ist nicht jedermanns Sache. Man sagt, es gebe dafür 365 Rezepte, eines für jeden Tag, und ich fürchte, daß das die reine Wahrheit ist. Du kannst diesen Dörrfisch als Auflauf, als Frikadelle, als Salat, in jeder nur denkbaren Form genießen. Daß es den Portugiesen nicht an Ironie fehlt, beweisen ein paar Redensarten, die immerhin eine gewisse Skepsis ausdrücken: »einem den Klippfisch zu machen« heißt soviel wie ihn herabsetzen, und *ficar em águas de bacalhau* sagt man, wenn etwas schiefgeht.

Wenn Du Trost brauchen solltest, halte Dich an die vorzüglichen portugiesischen Weine. Sie sind nicht so berühmt, wie sie verdienen, wahrscheinlich, weil sie nicht in großen Mengen und zu löblich geringen Hektarerträgen erzeugt werden; aber ich versichere Dir, daß sie es in sich haben. Der Madeira ist ja ganz aus der Mode gekommen; eigentlich schade; auf der Insel kannst Du noch uralte Jahrgänge trinken, denn das süße Zeug hält fast ewig. Worauf es aber ankommt, das sind *Dão, Bairrada, Alentejo* und natürlich der *Douro*, wo nicht nur der legendäre Portwein wächst – da kannst Du ein Dutzend Rebsorten probieren, von denen Du noch nie gehört hast, und niemand zwingt Dich, wenn Du Dich an ihm, wie ich vermute, bald sattgegessen hast, eine Portion Stockfisch dazu zu essen.

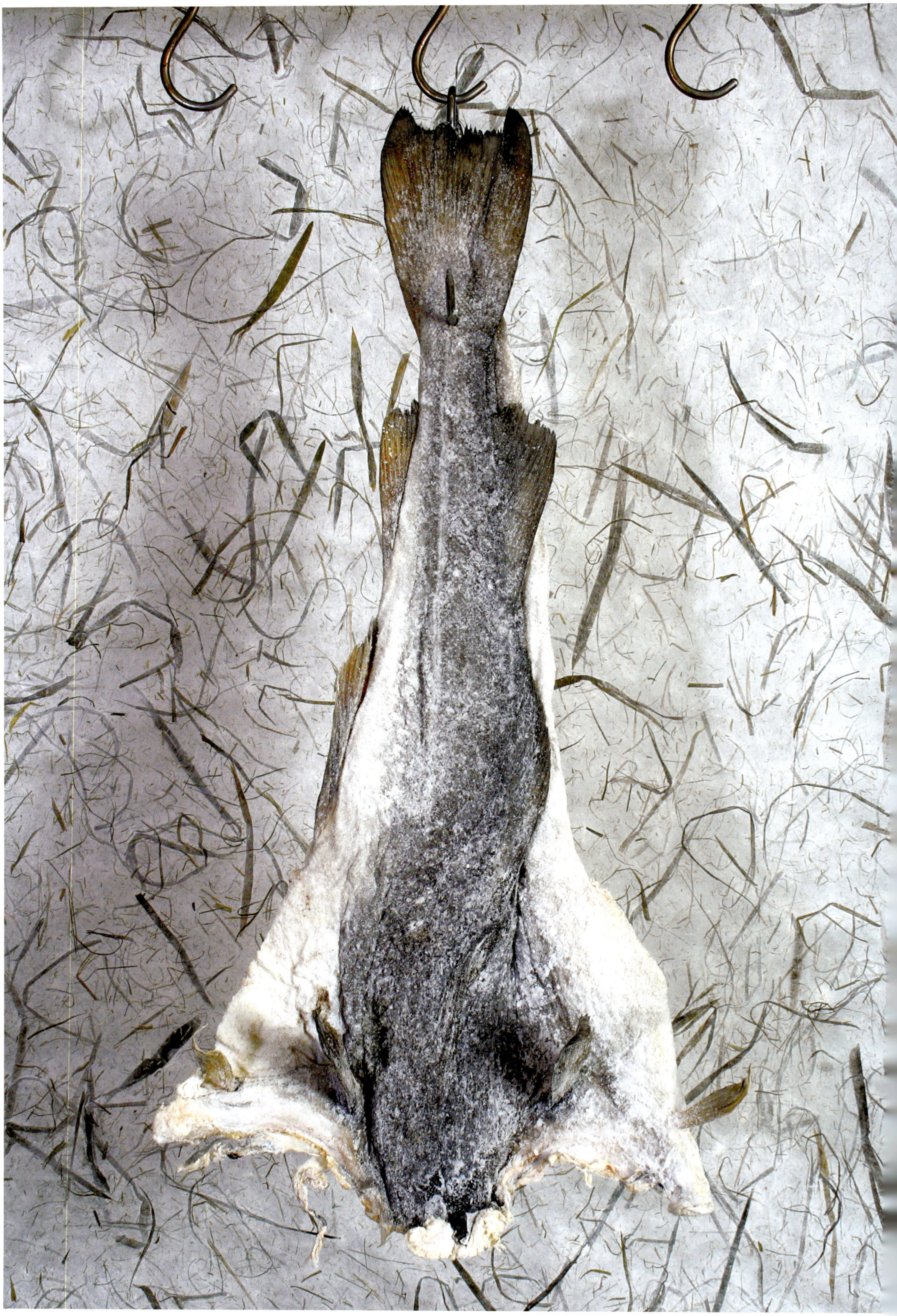

White Port in Tonic

Caldo Verde

Wachteln in Portwein

Bacalhau Portuguesa

Himmelsspeck

Madeira

Wein

DÃO-WEINE

Die Weine *Grão Vasco* oder *Vila Regia* von »Sogrape«. »Quinta dos Roques« und die »Quinta des Sães« erzeugen sehr gute Weine aus dem Dão.

BAIRRADA

Vinha Pan und *Vinha Barrosa*, zwei exzellente Rotweine aus dem Hause »Luis Pato«. *Quinta do Valdoeiro*, ein Weißwein aus dem Hause »Vinhos Messias«.

EXTREMADURA

Samtige Dessertweine der »Quinta dos Pesos«. *Prova Regina* aus dem Haus »Romeira«, ein markanter, trockener Weißwein.

ALENTEJO

Feine Qualitätsrotweine von »Herdade de Cartuxa«. *Pera Manca*, einer der Spitzenrotweine Portugals. Borba-Weine aus der Stadt Borba, weiß und rot.

VINHO VERDE

Casalinho, Trés Marias aus dem Hause »Caves do Casalinho S. A«. *Casal Garcia* und *Avelada*, trockene Weißweine aus der »Quinta de Avelada«.

DOURO-WEINE

Weine der »Quinta da Gaivosa« und der »Quinta do Vale da Raposa«.

TERRAS DO SADO

Fruchtige Rotweine mit feinem Barrique, ebenso reizvolle trockene Muskateller (»Vale da Judia«) sowie klassische Periquita-Rotweine aus dem Hause von »João Portugal Ramos«. *Tinto Garrafeira, Muscatel de Setúbal, Tinto Classico, Alambre* sind Jahrgangsweine aus dem Hause »José Maria da Fonseca«.

Portwein

Bei Portwein handelt es sich um einen schweren Wein aus dem nordportugiesischen Douro-Tal, denn nur hier, in einem genau begrenzten Gebiet, dürfen die rund 40 Rebsorten, die zur Herstellung von Portwein zugelassen sind, auf Schieferböden angebaut werden.

Die wichtigsten Sorten für rote Ports sind: *Tinta Amarela, Tinta Barroca, Tinta Cão, Tinta Roriz, Touriga Francesca* und die hochwertigste von allen, *Touriga Nacional*.

Bei weißen Ports werden hauptsächlich die Sorten *Malvasia Fina, Codega* und *Rabigato* eingesetzt.

Die Reben kommen aus drei Anbaugebieten: dem Baixo Corgo um die Stadt Peso da Régua in der Nähe der Atlantikküste. Hier sind die Regenmengen höher und die Temperaturen niedriger als landeinwärts. Die Weinberge sind weniger steil und die Erdschicht auf dem Schiefer ist tiefer und fruchtbarer. Etwa die Hälfte aller Portweine, vor allem die leichten Ruby-Tawny-Qualitäten, stammen von hier.

Im Cima Corgo um die Stadt Pinhão ist das Klima heiß und trocken, die Hänge sind steiler, felsiger und karger. Hier wird ein weiteres Drittel aller Ports erzeugt, und hier liegen auch die berühmten Quintas der Spitzenerzeuger, die sogenannten A-Lagen.

Douro Superior reicht von São João da Pesqueira bis zur spanischen Grenze, das Klima ist hier extrem trocken, und es werden nur an wenigen Stellen Grundweine für Port hergestellt.

Die Vorgangsweise bei der Portweinbereitung wird Avinierung genannt. Dabei hält man die Gärung des Grundweines durch Zugabe von 80%igem Weindestillat auf; je nach dem Zeitpunkt wird die Süße des Ports bestimmt. Je weiter der Grundwein vergoren ist, desto weniger Weinbrand wird zugefügt. Portwein darf als Endprodukt einen Alkoholgehalt von 19–22 Vol.-% aufweisen. Dadurch ist er sehr lange lagerfähig.

Die verschiedenen Arten von Portwein sind:

RUBY PORT
Ein Verschnitt verschiedener Jahrgänge roter Grundweine, die mindestens zwei Jahre im großen Eichenfaß (bis zu 20.000 l) lagern und dann abgefüllt werden. Sie zeichnen sich durch einen besonders fruchtig-süßen Geschmack aus.

TAWNY PORT
Der etwas trockenere und hellere Portwein lagert für zwei bis drei Jahre im großen Faß, wird aber dann in kleinere 550 l-Eichenfässer umgefüllt. Dort haben Tawnys mehr Kontakt zur Luft, daher altern sie schneller und oxidieren mehr. So bekommen sie eine hellere Farbe und einen Geschmack von trockenen Früchten, Nuß oder Mandel.

OLD TAWNY
Diese Portweine lagern viel länger in Fässern, 10, 20, 30 oder 40 Jahre lang. Die Old Tawnys sind von wesentlich höherer Qualität als die Standard Tawnys.

WHITE PORT
Diese Portweine werden nach demselben Prinzip, aber aus weißen Trauben hergestellt. Sie lagern drei Jahre in großen Fässern. Danach werden sie verschnitten und abgefüllt. Es gibt aber auch weiße Ports mit jahrzehntelanger Lagerung.

Edle Jahrgangsportweine

COLHEITA/RESERVAS
Nach mindestens sieben Jahren Reifung im Faß werden diese Ports, die aus verschiedenen Jahrgangsweinen bestehen, in Flaschen abgefüllt. Sie sind meist nur in Portugal zu finden und tragen immer das Abfülljahr auf der Flasche.

VINTAGE PORT
Seltene und teure Portweine der Spitzenklasse. Nur die besten Weine eines Jahrgangs werden dafür verwendet. Der Vintage wird zuerst zwei bis drei Monate im großen Eichenfaß gelagert und dann in Flaschen abgefüllt. Der weitere Reifungsprozeß findet in der Flasche statt und kann Jahrzehnte dauern. Der Wein wird ungefiltert in schwarze Flaschen gefüllt, dadurch hat jede Flasche ihr »Depot«, welches der Port braucht, um sich zu entwickeln. Nach frühestens zwölf Jahren ist ein Vintage trinkreif. Er muß dekantiert und innerhalb von 24 Stunden getrunken werden.

VINTAGE CHARACTER PORT
Diese Portweine bestehen aus den besten Weinen verschiedener Jahrgänge aus dem Cima-Corgo-Gebiet.

LATE BOTTLED VINTAGE
Die Könige des Ports. Sie sind aus Verschnitt eines Top-Jahrgangs wie Vintage Port gemacht, lagern aber vier bis sechs Jahre im Eichenfaß, bevor sie in die Flasche gefüllt werden, um nochmals zwölf Jahre zu reifen. Es gibt gefilterte und ungefilterte Varianten.

ZUTATEN

500 g mehlige Kartoffeln, geschält
und klein gewürfelt
300 g Wirsing / Grünkohl, in sehr feine
Streifen geschnitten
50 g Zwiebel, fein gehackt
2 Knoblauchzehen, fein gehackt
1,5 l Geflügelbrühe
Meersalz
schwarzer Pfeffer aus der Mühle

Einlage

50 g Zwiebel, fein gehackt
200 g Chorizo, in feine Scheiben geschnitten
150 g Tomaten, blanchiert, abgezogen,
entkernt, mittelfein geschnitten
60 ml Olivenöl extra vergine
1 Bund Koriandergrün, fein gehackt

CALDO VERDE

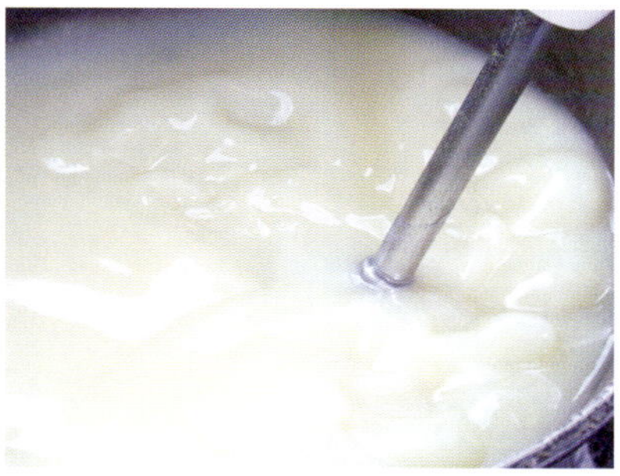

ZUBEREITUNG

Die Geflügelbrühe in einem entsprechend großen Topf erhitzen. Dann die Kartoffelwürfel, Zwiebeln und Knoblauch zufügen. Einmal aufkochen lassen, die Hitze reduzieren und zugedeckt etwa 15 Minuten köcheln lassen.

Den Topfinhalt nun mit dem Mixstab fein pürieren, mit Meersalz und Pfeffer abschmecken.

Die Wirsing-/Grünkohl-Streifen in die Suppe geben, nochmals 10 Minuten bei leichter Hitze köcheln lassen.

Für die Einlage die Zwiebeln und den Knoblauch in Olivenöl hell anschwitzen, die Chorizoscheiben und die Tomatenstücke zugeben und kurz in der Pfanne mitrösten.

Die Suppe in Teller schöpfen und die Tomaten-Chorizo-Mischung darauf verteilen, mit dem fein gehackten Koriandergrün bestreuen (vielleicht noch einen Schuß Olivenöl darüber, je nach Geschmack) und mit frischem geröstetem Weißbrot servieren.

ZUTATEN

12 Wachteln

200 g durchwachsener Speck, fein gewürfelt

4 Knoblauchzehen, fein gehackt

3 Lorbeerblätter

2 Thymianzweige

50 g Paprikapulver edelsüß

500 ml Ruby Portwein

Meersalz

schwarzer Pfeffer aus der Mühle

WACHTELN IN PORTWEIN

ZUBEREITUNG

Die Wachteln mit Meersalz und Pfeffer würzen und im vorgeheizten Backrohr ca. 15 Minuten bei 200° C rosa braten, herausnehmen und etwas ruhen lassen. Nun die Brüste und Keulen ablösen und bei 60° C warm stellen.

Die restlichen Knochen klein hacken, mit dem Knoblauch, Lorbeer und Thymian zurück in die Bratpfanne geben und leicht rösten. Paprikapulver zugeben, mit dem Portwein aufgießen, diesen bis zur Hälfte einreduzieren und durch ein feines Sieb passieren.

Die Speckwürfel in eine Pfanne geben und auslassen, Fett abgießen. Nun mit dem Portweinsud aufgießen und die ausgelösten Wachtelstücke zugeben, kurz köcheln lassen. Mit schwarzem Pfeffer aus der Mühle würzen und servieren.

ZUTATEN

600 g Stockfisch
300 g Meeresfrüchte
(Scampis ohne Schalen und geputzt;
Calamare geputzt, mittelfein geschnitten,
ersatzweise Tiefkühlware)
4 Zwiebeln, geschält und in ½ cm breite
Scheiben geschnitten
je 2 rote und grüne Paprikaschoten ohne
Samenstand,
in grobe Stücke geschnitten
600 g Tomaten, blanchiert und enthäutet,
in ½ cm breite Scheiben geschnitten
600 g mehlige Kartoffeln, geschält und
in feine Scheiben geschnitten
4 Knoblauchzehen, fein gehackt
1–2 Piri Piri, zerbröselt
2 Lorbeerblätter
2 Bund Koriander, fein gehackt
2 Bund Petersilie, fein gehackt
1,5 l Vinho Verde, weiß, trocken
60 ml Olivenöl extra vergine
Meersalz
schwarzer Pfeffer aus der Mühle

BACALHAU PORTUGUESA

ZUBEREITUNG

Stockfisch unter fließendem Wasser abspülen, in eine Schüssel geben und zwei Tage wässern. Dabei das Wasser drei- bis viermal erneuern.

Den gewässerten Stockfisch in mundgerechte Würfel schneiden und dabei die Gräten, soweit möglich, entfernen. Das Olivenöl in einen geeigneten Fischtopf gießen, Topfboden mit den Zwiebelscheiben auslegen, darüber die Paprikastücke streuen. Nun die Tomatenscheiben darüberlegen, mit etwas Meersalz würzen, Piri Piri, Lorbeerblätter und Koriander zugeben. Kartoffelscheiben und Knoblauch auf das Gemüse schichten, die Meeresfrüchte kurz in Olivenöl anbraten, auf die Kartoffeln geben und den Stockfisch darauf verteilen.

Das Ganze mit dem trockenen Vinho Verde aufgießen, einen Deckel auf den Topf geben und alles kurz zum Kochen bringen. Dann bei niedriger Temperatur 30 Minuten köcheln lassen. Mit der gehackten Petersilie bestreuen.

ZUTATEN

300 g Zucker
125 ml Wasser
300 g Mandeln, gemahlen
125 g Butter
8 Eigelb
3 Eiweiß, schaumig geschlagen
1 Päckchen Vanillezucker
Semmelbrösel
Puderzucker

HIMMELSSPECK

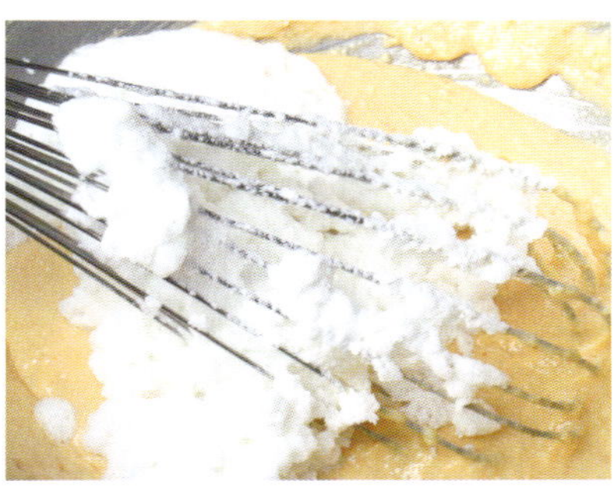

ZUBEREITUNG

Zucker mit dem Wasser vermischen und einkochen, bis er in feinen Fäden vom Holzlöffel läuft und in einem Tropfen endet, beiseite stellen.
Die Eigelbe schaumig schlagen und unter die lauwarme Zuckermasse rühren, über dem Wasserbad nochmals heiß aufschlagen, es darf nicht kochen.
Jetzt die Mandeln, die Butter, den Vanillezucker, den Eischnee sowie einen Eßlöffel Semmelbrösel vorsichtig unterrühren. Eine feuerfeste Form mit Butter auspinseln und mit Semmelbröseln ausstreuen, wieder abklopfen. Den Teig hineingeben und im vorgeheizten Backrohr bei 150° C 30–40 Minuten ausbakken. Erst aus der Form nehmen, wenn der Kuchen vollkommen erkaltet ist. Mit Puderzucker bestreuen und mit einer Fruchtsauce und einem Glas Madeira servieren.

MADEIRA-WEINE

Madeira-Wein ist eine geschützte Bezeichnung für Süßwein der Insel Madeira. Nach den Regeln des *Instituto do Vinho da Madeira* gelten folgende vier Rebsorten als edel:
Sercial – trocken, sollte bei 9–11° C getrunken werden.
Verdelho – halbtrocken, bei 11° C.
Bual oder *Boal* – halbsüß, bei 13–15° C.
Malvasia – süß, bei 16–18° C.
Madeira-Wein entstand angeblich ganz zufällig. Man hatte – ähnlich wie beim Portwein – die Gärung der besseren Haltbarkeit wegen abgebrochen; als man den Wein nach dem Transport durch die Tropen kostete, entdeckte man, daß sein Geschmack sich sehr verbessert hatte. Dieser Transport wird heute durch mehrmonatige Lagerung bei 45–75° C ersetzt. Die Lagerung bzw. der Ausbau erfolgt in Eichenfässern.
Die Bezeichnung *Fine* tragen Weine, deren Verschnittkomponente mindestens drei Jahre alt ist, eine *Reserve* ist mindestens fünf Jahre, eine *Special Reserve* mindestens zehn Jahre alt. Jahrgangsweine verbringen mindestens 20 Jahre im Faß und nochmals zwei Jahre in der Flasche, bevor sie verkauft werden.

Bainigí bhur mbéile!

Neun Iren, in einem jener irischen Pubs, die man auf der ganzen Welt findet, gefragt, wie man einander auf Irisch einen guten Appetit wünscht, wiegen den Kopf und geraten ins Grübeln. Erst der Zehnte wagt es, einen Vorschlag zu machen, aber, wie er betont, ohne Gewähr. Das liegt nicht daran, daß es den Iren an Appetit fehlt – das Gegenteil ist der Fall; nur ist es eben so, daß die meisten Iren nicht Irisch sprechen, sondern Englisch. Nur auf den Wegweisern und in der Schule wird an ihre ehrwürdige alte, gälische Zunge erinnert.

Ob den Iren die große Hungersnot immer noch in den Knochen steckt, weiß ich nicht; nur, daß sie hundertfünfzig Jahre her ist und daß die Engländer daran schuld waren, die das Korn und das Fleisch aufaßen und den Bauern nur die Kartoffeln ließen. Als die *Phythophthora infestans* kam, ein Pilz, der die Knollen verfaulen ließ, verhungerte fast eine Million, und eine zweite wanderte aus. Heute ist Irland reich, und es kann nicht nur Butter und Lachs, Schaffleisch und Krabben exportieren, sondern auch Elektronik und Pharmaka. Schon beim Frühstück zeigt sich, daß den Bewohnern der grünen Insel kein Hunger mehr droht: Eier und Speck, Bratkartoffeln, Blut- und Leberwurst kommen auf den Tisch, so daß sich ein Lunch beinahe erübrigt.

Als »robust«, »handfest« oder „schlicht« wird die Landesküche gern beschrieben. Aber wer Freunde in der Grafschaft Cork hat, die ihn zu einer Bootsfahrt einladen, wird seinen Augen nicht trauen, wenn sie ihre Hummerkörbe aus der Bucht ziehen; denn wer sich auskennt, kann dort immer noch reiche Meeresbeute machen. Und vielleicht findet sich auch in einem abgelegenen Gehöft noch eine Frau, die sich auf die Kunst des Räucherns versteht und nur den allerbesten Wildlachs und die zartesten Forellen durchgehen läßt. Ein Stück braunes Brot aus Ballymaloe dazu und ein Glas Whiskey (bitte unbedingt mit einem kleinen *e* geschrieben!) – eine solche Mahlzeit wird den heikelsten Restaurantkritiker mit Sicherheit in die Schranken weisen.

WHISKEY
I have a few good reasons for drinking, and one has just entered my head.
If a man can't drink when he's living, how the hell can he drink when he's dead?

Irish Rose

Möhren-Orangen-Suppe

Herzmuscheln mit Speck

Irish Stew

Hafermehleiscreme mit Caramel-Cream-Likör

Irish Coffee

Irish Whiskey – das Lebenswasser der grünen Insel

Irish Single Malt wird ausschließlich aus gemälzter Gerste (Malz) hergestellt, dreimal in einer Pot Still (kupferne Brennblase) destilliert und muß mindestens drei Jahre in einem Eichenfaß lagern. Die tatsächliche Lagerzeit überschreitet die Mindestlagerzeit häufig um viele Jahre. Bekannte Marken sind: *Bushmills, Single Malt* (40 Vol.-%), *Locke's 8 year old* (40 Vol.-%), Tyrconnell (40 Vol.-%).

Blended Irish Whiskey entsteht aus *Single Malt Whiskey* und *Grain Whiskey. Grain Whiskey* (Getreide-Whiskey) wird aus Mais oder Getreidemischungen hergestellt und fast ausschließlich zur Herstellung von *Blended Whiskey* benötigt.
Eine besondere Form des *Irish Blended Whiskey* verbindet *Irish Pure Pot Still Whiskey* mit *Grain* und *Single Malt Whiskey.* Diese besonders vielfältigen Möglichkeiten des *Blendens* (englisch *Mischen*) erlauben es, in Irland eine geschmackliche Vielfalt zu erzeugen, die in der Welt ihresgleichen sucht.
Bekannte Marken sind: *Bushmills Black Bush* (40 Vol.-%), *Jameson* (40 Vol.-%), *Tullamore Dew* (40 Vol.-%), *Paddy's Old Irish Whiskey* (40 Vol.-%). *Paddy's* ist einer der beliebtesten Whiskeys. Seinen Namen verdankt er dem Wiskeyhändler Paddy Flaherty. Wenn die Pub-Besitzer Whiskey bei ihm bestellten, wählten sie nicht *The Cork Distilleries Old Irish Whiskey,* sie wollten einfach *Paddy's Whiskey.* Die Destillerie wählte daraufhin den Namen *Paddy's* als Markenname.

Pure Pot Still ist die Bezeichnung für eine eigene Whiskey-Art wie *Single Malt, Grain* oder *Blend,* den man in dieser Form bei keiner anderen Whiskey-Nation findet. In der Herstellung unterscheidet sich der Pure *Pot Still Whiskey* in einem wesentlichen Punkt vom *Single Malt*: Bei seiner Herstellung wird eine Mischung aus ungemälzter und gemälzter Gerste (Malz) verwendet. Puristen bestehen darauf, daß der Anteil der ungemälzten Gerste überwiegt. Der Whiskey wird dreifach destilliert.
Redbreast 12 years (40 Vol.-%) und *15 years* (46 Vol.-%), *Green Spot* und *Jameson Gold* (43 Vol.-%) sind heute die letzten Vertreter dieser außergewöhnlichen Whiskeys.
Also dann *Sláinte!* (gesprochen *Slonscha!*) – das ist gälisch, heißt „Gesundheit!" – und meint „Prost!"

Irish Rose

4 cl Irish Whiskey
1 cl Grenadine
2 cl Zitronensaft
Alle Zutaten mit einigen Eiswürfeln in einem Shaker gut schütteln und durch ein Barsieb in eine große Cocktailschale geben.

Hot Whiskey – für heiße Stunden in kalten Nächten

2 cl irischer Whiskey
1 Scheibe Zitrone
3 ganze Gewürznelken
Zucker, kochendes Wasser

Während das Wasser zum Kochen gebracht wird, bereits das Glas anwärmen. Dann zuerst das heiße Wasser in das Glas gießen (gut halbvoll) und nach Belieben Zucker darin auflösen. Die Nelken in die Zitronenscheibe stecken und diese zusammen mit dem Whiskey in das Glas geben. Sofort servieren.

Biere

Guinness – die schwarze Muttermilch der Iren.

1759 übernahm Arthur Guinness eine kleine, leerstehende Brauerei auf St. James' Gate, Dublin. Für diese Brauerei schloß er einen Pachtvertrag über 9000 Jahre ab und zahlte jährlich eine Rate von 45 Pfund. Der hohe Qualitätsstandard von Guinness ermöglichte dessen Transport über weite Strecken, die andere Biere nicht überstanden hätten. Bereits um 1800 wurde Guinness in Westindien verkauft, zehn Jahre später an den West- und Ostküsten Afrikas, ab 1849 nach Nordamerika. Heute ist Guinness eine der wenigen Biermarken mit internationalem Format. Es wird in über 50 Ländern gebraut und in über 150 Ländern getrunken. Jeden Tag werden weltweit an die zehn Millionen Gläser Guinness serviert.

Auch die samtschwarze „Muttermilch der Iren" hat ihr kleines Erfolgsgeheimnis, das natürlich besonders gut gehütet wird – das Geheimnis der schwarzen Farbe. Sicherlich liegt es an der Verwendung von geröstetem Malz, doch die genaue Brauweise wird nicht verraten. Schließlich soll man das *Stout Beer*, wie es in der Fachsprache heißt, ja nicht selber brauen, sondern trinken …

Lassen Sie sich den samtschwarzen Genuß mit seinem feinen, cremigen Schaum lieber auf der Zunge zergehen. Und zwar ganz ohne schlechtes Gewissen. Denn Guinness hat nicht mehr Alkohol und Kalorien als ein normales Bier.

Übrigens – Guinness wird in der Maßeinheit *Pint* (ausgesprochen *Peint*) ausgeschenkt, was 0,568 l entspricht. Wer in Irland „a glass of Guinness" bestellt, der bekommt nur ein halbes Pint (0,284 Liter), wer ein Pint haben will, muß auch „a pint of Guinness" ordern.

Kilkenny Irish Beer

Kilkenny Irish Beer ist ein rotes Ale mit 4,2 Vol.-% und wird obergärig nach dem deutschen Reinheitsgebot in der St. Francis Brewery in der gleichnamigen Stadt Kilkenny gebraut. Die Brauerei ist eine umgebaute Abtei aus dem 12. Jahrhundert.

Die rote Farbe des Kilkenny kommt daher, daß man beim Brauen eine geringe Menge besonders gerösteten Malzes zusetzt, wodurch der volle, würzige Geschmack zustande kommt.

ZUTATEN

600 g Möhren, geschält und in Scheiben geschnitten
250 g Zwiebeln, geschält und grob gehackt
200 g rote Linsen
2 große Orangen, abgerieben und entsaftet
125 ml süße Sahne, steif geschlagen
1 Bund Petersilie, fein gehackt
2 l Gemüsebrühe
frischer Ingwer, fein gehackt
Meersalz
schwarzer Pfeffer aus der Mühle

MÖHREN-ORANGEN-SUPPE

ZUBEREITUNG

In einem Topf Zwiebeln und Karotten ansautieren. Brühe, Linsen und Orangenabrieb zugeben, mit der Gemüsebrühe aufkochen, etwa 40 Minuten bei kleiner Hitze köcheln lassen.
Nun pürieren, den Orangensaft zufügen und mit Ingwer, Meersalz und Pfeffer abschmecken.
Mit Sahnehäubchen und gehackter Petersilie servieren.

ZUTATEN

60–80 Herzmuscheln, je nach Größe (ca. 1 ½–2 kg)

12 Scheiben durchwachsener Speck, die Hälfte fein gewürfelt

300 g Butter

2 Bund Petersilie, fein gehackt

1 Zitrone

Meersalz

schwarzer Pfeffer aus der Mühle

HERZMUSCHELN MIT SPECK

ZUBEREITUNG

Die Muscheln unter fließendem Wasser bürsten, geöffnete Muscheln wegwerfen.
In einen geeigneten Topf etwas Salzwasser füllen, so daß der Boden gut bedeckt ist, zum Kochen bringen.
Die Muscheln in den Topf geben und ca. 6–8 Minuten dämpfen, bis sie aufgehen.
Dann die Schalen entfernen (kein Muß), die Speckscheiben und -würfel in der halben Buttermenge knusprig ausbraten, aus der Pfanne nehmen und beiseite stellen.
Das Muschelfleisch mit der restlichen Butter in die Pfanne geben und bei schwacher Hitze erwärmen. Mit schwarzem Pfeffer und Zitrone abschmecken, auf einer vorgewärmten Platte mit Petersilie und Speckscheiben anrichten.

IRLAND

ZUTATEN

1½ kg Lammschulter ohne Knochen, von Fett und Sehnen befreit
2 weiße Rüben, geschält, in grobe Würfel geschnitten
4 Karotten, geschält, in grobe Scheiben geschnitten
4 Zwiebeln, geschält und geviertelt
2 Stangen Lauch, gewaschen, in grobe Scheiben geschnitten
6 Kartoffeln, geschält und geviertelt
100 g Butter
1,5 l Fleischbrühe
2 Bund Petersilie, gehackt
1 Bouquet garni (Thymian, Lorbeer, Petersilie)
Meersalz
schwarzer Pfeffer aus der Mühle
Worcestersauce

ZUBEREITUNG

Lammfleisch in gulaschgroße Stücke schneiden. In einer Kasserolle die Butter erhitzen und das Fleisch darin anbraten, bis es Farbe annimmt.

Karotten, Rüben, Zwiebeln, Lauch, Kartoffeln und Bouquet garni dazugeben, mit Fleischbrühe aufgießen. Zugedeckt bei schwacher Hitze etwa 2 Stunden garen.

Nun das Fett abschöpfen, mit Petersilie, Worcestersauce, Salz und schwarzem Pfeffer abschmecken.

ZUTATEN

150 g fein gemahlenes
Hafermehl
600 ml süße Sahne
150 g Puderzucker
3 EL Caramel-Cream-Likör

Caramel-Cream-Likör

200 g Karamelschokolade
150 g Milchschokolade
75 g Zartbitterschokolade mit
mindestens 70% Kakao
1 l Milch
200 g Zucker
6 Eigelb
750 ml irischer Whiskey

HAFERMEHLEISCREME MIT CARAMEL-CREAM-LIKÖR

ZUBEREITUNG

In einer Pfanne das Mehl leicht bräunen und anschließend abkühlen lassen. Die Sahne steif schlagen und langsam den Puderzucker und das Mehl einrühren. Vorsichtig den Caramel-Cream-Likör unter die Masse ziehen. In eine Auflaufform füllen und ins Gefrierfach stellen. Etwa 30 Minuten vor dem Servieren herausnehmen und etwas weich werden lassen. Mit Früchten, Waffeln und etwas Cream-Likör servieren.

Irish Cream

Irish-Cream-Liköre sind nicht nur in Irland, sondern auch hierzulande sehr beliebt. Sie werden aus Sahne, Irish Whiskey, anderen irischen Bränden und natürlichen Aromen zubereitet.
Der bekannteste ist wohl Baileys Irish Cream. Baileys wurde 1974 gegründet, der berühmte Likör enthält 17 Vol.-%.

Caramel-Cream-Likör selbstgemacht

Die Schokolade mit der Milch erwärmen, bis sie sich aufgelöst hat. Zucker und Eigelb cremig verrühren und zur Schokomilch geben. Diese Mischung aufkochen und sofort vom Herd nehmen.
In eine große Schüssel gießen und kalt schlagen. Whiskey dazugeben und gut rühren. Wenn alles ganz kalt ist, in Flaschen füllen. Am ersten Tag nach dem Herstellen mehrmals schütteln, um zu verhindern, daß etwas am Flaschenhals eindickt.

IRISH PORTER CAKE

ZUTATEN

250 ml Bier, Porter oder ein deutsches dunkles Starkbier
250 g Butter
250 g Zucker, braun
1 kg gemischte Trockenfrüchte
500 g Mehl
1 TL Natron, z. B. aus der Apotheke
1 EL Gewürzmischung (Zimt, Nelken, Ingwer, Macis, Kümmel und Kardamom)
abgeriebene Schale einer Zitrone
3 Eier

ZUBEREITUNG

In einer geeignten Pfanne die Butter und den Zucker im Porter zergehen lassen. Trockenfrüchte zugeben und bei schwacher Hitze 10 Minuten köcheln. Beiseite stellen und abkühlen lassen.

Dann das gesiebte Mehl, Natron, die Gewürze und die Zitronenschale zugeben. Eier verquirlen und unter die Früchtemasse rühren. Alles zu einem Teig verkneten.

Den Teig in eine gefettete Kuchenform füllen (25 cm ø) und im vorgeheizten Backofen bei 160° C ca. 1¾ Stunden backen. In der Backform abkühlen lassen. Aufschneiden und servieren.

Man kann den Irish Porter Cake in Silikonpapier (fettdicht) einwickeln und ihn noch einige Tage „reifen" lassen, bevor er aufgeschnitten wird.

ZUBEREITUNG

4cl Irish Whiskey (am beliebtesten für Irish Coffee ist in Irland Paddy's) und 1 Teelöffel Zucker werden in ein Irish-Coffee-Glas gegeben. Das Glas wird vorsichtig unter ständigem Drehen erhitzt, bis sich der Zucker aufgelöst hat und der Whiskey leicht zu dampfen beginnt. Danach füllt man das Glas mit Kaffee und garniert es mit einem Häubchen aus nicht ganz steif geschlagener Sahne.

Smakelig måltid!

Was sind sie nicht alles gewesen, die Schweden! Ein Bauernvolk, eine Feudalgesellschaft, eine Großmacht, eine frühe Industrienation, eine neutrale Insel im Zweiten Weltkrieg, ein sozialdemokratisches Modell. Und jetzt? Schwer zu sagen. Seitdem die armen Nachbarn, die Finnen und die Norweger, einst ein wenig herablassend betrachtet, ökonomisch aufgestiegen sind und die Globalisierung ihm auf den Leib rückt – wird das einstige Musterland nicht den andern, den weniger perfekten, immer ähnlicher werden?

Keine Sorge! Auch wenn das staatliche Alkoholmonopol, das den schönen Namen *Systembolaget* führt, zu erodieren droht und die Einwanderer, wie anderswo, an ihren eigenartigen Gebräuchen festhalten – eine fürsorgliche Obrigkeit wird sich nach wie vor darum kümmern, daß niemand über die Stränge schlägt. Denn das wäre unsozial, um nicht zu sagen ungehörig. Und selbst wenn in Stockholm und anderswo eine gewisse Eleganz sich breitmacht, so bleibt es doch dabei, daß der Übermut sich in Grenzen hält und daß die meisten Schweden sich nicht fremdartigen Genüssen hingeben, sondern das Bewährte schätzen.

Das gilt auch für die Küche. Nach wie vor wird der Hering, wie in alten Zeiten, zwar nicht mehr monatelang in der Erde vergraben, so doch gebeizt oder vergoren; immer noch endet so manches Rentier im Topf; die Elchjagd ist und bleibt ein wichtiges Männerritual; und im August, wenn die Sonne hoch steht, legt sogar der schwedische Gewissenswurm eine Pause ein. In den Hüttenferien sucht man im Hochmoor die wunderbaren gelben Multebeeren, oder man trifft sich zum Krebsessen. Eine möglichst witzige Tischrede ist *de rigeur*, erst nach dem *Skål!* darf zum geschmuggelten Schnaps gegriffen und gesungen werden. (Daß die teuren Tierchen aus fernen Ländern eingeflogen werden, wird dabei in Kauf genommen.)

So gibt es auch im kühlen Schweden Zeiten, wo es an diesen und anderen kleinen Sünden nicht fehlt.

Elchblut

Brennesselsuppe

Graved Lachs mit Honig-Dill-Sauce
Vollkornknäckebrot

Glasierte Schweinerippchen mit Johannisbeerkruste
Grünkohl

Zimtpfannkuchen mit Birnenragout

Absolut Vodka

Elchblut

Elchblut ist in Schweden nicht nur auf Parties beliebt, sondern eignet sich auch sehr gut als Apéritif, als originelles Mitbringsel – und später sogar noch als Dekoration … Es handelt sich um einen Wodkalikör mit 32 Vol.-%. Seine »blutige« Farbe erhält er durch Preiselbeeren. Eine Flasche enthält jeweils 20 ml des leckeren Tropfens, wobei jede einzelne mit einem Elchkopf ausgestattet ist. Bezug über das Internet oder in IKEA-Filialen mit Schweden-Shops.

Wer Selbstgemachtes lieber mag, kann Elchblut folgendermaßen zubereiten:

1 kg Preiselbeeren
1 l Vodka

Alles in ein Gefäß geben und gut verschließen. Rund 2–3 Monate an einem kühlen Ort lagern und einmal am Tag durchschütteln. Dann durch ein feines Sieb gießen und 500 g Zucker sowie 0,75 l Wasser hinzugeben. Nun in Flaschen füllen und noch mehrere Wochen ruhen lassen.

Absolut und *Renat Brännvin*

– eine folgenreiche Liaison

Der Name *Absolut* wurde 1879 von dem Unternehmer Lars Olsson Smith eingeführt, der eine Destillationsmethode für Alkohol erfand, bei der die Fuselöle ausgefiltert wurden. Der Name »Absolut Renat Brännvin« (vollkommen destillierter Wodka, schwedisch Vodka) sollte darauf hinweisen, daß das Endprodukt eine bessere Qualität besaß. Vodka wurde schon bald unter dem Namen *Absolut Renat Brännvin* im ganzen Land verkauft, kam aber zeitweise aus der Mode. In den Siebzigern kürzte man den Namen zu *Renat Brännvin*, 1979 wurde der alte Name *Absolut* wieder eingeführt, die Marke modernisiert und zum Luxuswodka ABSOLUT aufgewertet. Heute ist ABSOLUT weltweit die drittgrößte Spirituosenmarke, die viele verschiedene Geschmacksrichtungen anbietet: Pfeffer, Zitrone, Johannisbeere, Orange, Vanille, Himbeere, Pfirsich, Grapefruit und Birne.

Biere

Schwedisches Bier ist besser als sein Ruf. Bei den Australian International Beer Awards im Mai 2006 krönten die Juroren das schwedische *Spendrups Export* als »Best in Class« in der Kategorie der hellen Lager-Biere vom Faß. Unter anderem sind noch folgende schwedische Biere zu erwähnen: *Åbro*, *Pripps* und *Falcon*.

Antialkoholisches
– in Schweden groß geschrieben!

In Schweden wird sehr viel Milch getrunken, daneben (meist selbstgemachte) Frucht- und Softgetränke und Wasser mit und ohne Kohlensäure. Alkoholfreier *Cider* ist ebenfalls sehr beliebt, nicht nur aus Äpfeln und Birnen, sondern auch aus Beeren, wie etwa Preisel- oder Blaubeeren.
Traditionelle und immer noch beliebte alkoholfreie Getränke sind u. a. *sockerdricka* (Fruchtlimonade, *Michel aus Lönnebergas* Lieblingsgetränk), *Pommac* und *Champis* (beide wurden während der Abstinenzbewegung um 1916 als Alternativen zum Sekt eingeführt) sowie die besonders zur Weihnachtszeit getrunkenen und dem Malzbier ähnlichen Getränke *julmust* und *svagdricka*.

Julmust
– ein absolutes must in Schweden

Julmust ist ein in Schweden sehr beliebtes und bekanntes Limonadengetränk, kreiert Anfang des 20. Jahrhunderts, als die schwedische Abstinenzbewegung gerade Hochkonjunktur hatte. Es ähnelt dem bei uns bekannten Malzbier und enthält neben Hopfen und Malz noch 30 weitere Zutaten. Als *julmust* (*jul* heißt Weihnachten) wird es zum Jahresende angeboten. In der Osterzeit heißt es *påskmust*, sonst einfach *must*.
Es gibt mehrere Hersteller dieses Getränks. Sogar Coca-Cola begann 2004 mit der Produktion eines eigenen *julmust* als Reaktion auf die in Schweden zur Weihnachtszeit geringeren Verkaufszahlen seiner eigenen Limonaden …

SCHWEDEN

ZUTATEN

400 g frisch gepflückte
junge Brennesseln
300 g Kartoffeln, geschält,
klein geschnitten
1 l Gemüsebrühe
125 ml Crème fraîche
50 g Butter
Meersalz
schwarzer Pfeffer aus der Mühle

BRENNESSELSUPPE

ZUBEREITUNG

Die Brennesselblätter von den Stengeln zupfen, waschen, abtropfen lassen, beiseite stellen.
Gemüsebrühe und Kartoffelstücke in einen Topf geben und diese weich kochen.
Nun Brennesselblätter in Butter dünsten und dazugeben, weitere 15 Minuten köcheln lassen. Dann die Suppe pürieren, mit Salz und Pfeffer abschmecken.
In Teller verteilen und mit Crème fraîche und einem Brennesselblatt garnieren.

Hausgemachtes Vollkornknäckebrot

350 g Roggen- oder Dinkelmehl
100 g Weizenkleie
125 g Sonnenblumenkerne
100 g Sesam oder Leinsamen
200 g Roggenschrot
75 ml Sonnenblumenöl
25 g Meersalz
1 Päckchen Trockenhefe
375 ml Wasser

Alle Zutaten in eine Schüssel geben und zu einem Teig verkneten. Dies ergibt keinen geschmeidigen, sondern einen eher groben Teig. Teig ganz flach ausrollen (ist nicht einfach, daher auf bemehltem Untergrund arbeiten) und beliebige Formen ausschneiden. Die Teigteile sofort auf das mit Backpapier ausgelegte Backblech legen und im vorgeheizten Backofen bei 200° ca. 15–18 Minuten backen.

GRAVED LACHS MIT HONIG-DILL-SAUCE VOLLKORNKNÄCKEBROT

SCHWEDEN

ZUTATEN

1 kg Lachs, am Stück, filetiert und entgrätet
2 Bund Petersilie, fein gehackt
2 Bund Dill, fein gehackt
150 g Meersalz
150 g Zucker
20 g Korianderkörner
20 g Senfkörner
10 Wacholderbeeren
50 ml Olivenöl extra vergine

ZUBEREITUNG

Zucker und Salz mischen, die Gewürze im Mörser grob zerstoßen und zur Salz-Zucker-Mischung geben.
Eine flache Form mit Frischhaltefolie auslegen, so daß man mit den überstehenden Teilen den Lachs nachher einwickeln kann.
Die Hälfte der Salz-Zucker-Kräuter-Mischung auf die Folie geben, den Lachs mit der Hautseite nach unten darauflegen. Die restliche Gewürzmischung auf dem Lachs verteilen, das Olivenöl darübergießen und die Folie möglichst eng verschließen.
48 Stunden liegen lassen, dabei alle 8 Stunden wenden.
Danach Kräuter und Gewürze abspülen und die Lachsseite 15 Minuten in kaltes Wasser legen. Anschließend trocken tupfen, mit Olivenöl einreiben und aufschneiden.

Honig-Dill-Sauce

Mittelscharfen Senf und Waldhonig im Verhältnis 1:1 aufrühren und mit fein gehackten Dillspitzen je nach Geschmack verfeinern.

ZUTATEN

ca. 2,5 kg kleine Schweinerippchen vom Kotelett
300 g Johannisbeergelee
150 g süßer schwedischer Senf (oder deutscher Hausmachersenf, z.B. Händlmaier)
Meersalz
schwarzer Pfeffer aus der Mühle

GLASIERTE SCHWEINERIPPCHEN MIT JOHANNISBEERKRUSTE GRÜNKOHL

ZUBEREITUNG

Die Rippchen pfeffern und salzen, mit der Fleischseite nach oben auf ein tiefes Blech legen, im vorgeheizten Backofen bei 180–200° C etwa 45 Minuten braten. Dabei häufig mit dem ausgetretenen Bratensaft übergießen.

Währenddessen das Gelee im Wasserbad erwärmen und mit dem Senf verrühren. Die Rippchen aus dem Ofen nehmen, mit der Gelee-Senf-Mischung bepinseln und weitere 10 Minuten bei 250° C kroß braten.

Mit blanchiertem und in Butter gedünstetem Grünkohl servieren.

ZUTATEN

3 Birnen, geschält, entkernt
und fein gewürfelt
200 g frische Preiselbeeren, gezupft
80 g Butter
75 g Honig
Saft einer Zitrone

Teig

50 g Zucker
3 Eier
200 ml Milch
100 ml süße Sahne
180 g Mehl
Prise Salz
Puderzucker
Prise Zimt

ZIMTPFANNKUCHEN MIT BIRNENRAGOUT

ZUBEREITUNG

In einer beschichteten Pfanne 30 g Butter erhitzen, die Birnenstücke leicht andünsten. Honig zugeben und alles karamelisieren lassen, mit Zitronensaft ablöschen. Zum Schluß die frischen Preiselbeeren dazugeben, beiseite stellen.

Das Mehl in eine Schüssel sieben, Zucker, Zimt und eine Prise Salz beifügen. Eier, Milch und Sahne dazugeben und alles zu einem glatten Teig verrühren. 20 Minuten quellen lassen.

In einer beschichteten Pfanne den Rest der Butter zerlassen, mit einer kleinen Kelle Teig hineingeben und durch Schwenken in der Pfanne verteilen. Nacheinander 6–8 Pfannkuchen backen.

Die Pfannkuchen mit dem Birnenragout füllen, mit Puderzucker bestäuben, evtl. mit Minze und Sahne garnieren.

L'ELEPHANT DE NOIR
GITANES
Le Monde
Les projets de Darcos pour l'école
ANT NOIR

Bon appétit!

Nein, ohne Lobhudelei geht es nicht. Keine Frage, die Franzosen haben sich verdient gemacht um alles, was in Europa auf den Tisch kommt, nicht nur um die *gourmandise* und die *gastronomie.* Man sagt ihnen nach, sie hätten das *restraurant* erfunden, und daran sei die Französische Revolution schuld gewesen. Die tausend Hof- und Schloßköche mußten sich, als ihre Herrschaften unter der Guillotine endeten, etwas Neues einfallen lassen, und so boten sie fortan ihre *dîners* und *soupers* der siegreichen *bourgeoisie* an.

Zugegeben, Herbergen und Landgasthöfe hat es vorher schon gegeben, aber daß jeder, der zahlen kann, an jeder Ecke ein *menu* findet, angefangen mit den *hors d'œuvres* bis zum *dessert,* eine Reihenfolge, die seitdem keine Verstöße mehr duldet, das verdankt die Welt zweifellos den Franzosen. (Wer weniger Hunger hat, kann sich ja ins *bistro* oder ans *buffet,* meinetwegen auch ins *café* bemühen.) Nicht nur ein ganzes kulinarisches Vokabular, von der *sauce* zum *filet* und von der *truffe* bis zum *parfait,* mußten andere Völker aus dem Französischen importieren – nein: sogar den *appétit*!

Kein Wunder, daß es bei einer solchen Erfolgsgeschichte nicht ohne Pomp und Prestige, Eitelkeit und Starkult abging. *La haute cuisine!* Der berühmte Koch, der Selbstmord begeht, weil er einen Stern zu verlieren droht. Luxus! Kaviar, Austern und Champagner her! Die ganze Litanei.

Je höher aber die Erwartungen, desto bitterer können sie enttäuscht werden. Seitdem der Bauch von Paris zubetoniert worden ist, kann man in dieser Metropole ebenso schlecht und teuer essen wie in Chicago oder Venedig. Und wie in andern Ländern rettet auch dortzulande die Provinz die Ehre, die einer guten Mahlzeit gebührt. Weniger modeanfällig, weniger prätentiös, mehr auf ihre Traditionen bedacht, überlebt dort noch eine Moral wie die jenes alten Bäckers aus der Auvergne, der mir einmal erzählt hat, daß er sich während des Krieges weigerte, Croissants zu backen. »Croissants ohne Butter«, sagte er, »Croissants mit Margarine – das hätte ich nicht übers Herz gebracht!«

Kir Royal

Felsenaustern mit Estragon überbacken

Kalbsbries auf Artischocken und Zuckerschoten

Boeuf en Daube

Tarte Tatin

Sauterneswein / Cognac

Kir Royal

1 cl Cassis
10 cl Crèmant, eiskalt
1 Sektkelch

Den Johannisbeerlikör in den Sektkelch geben. Dann vorsichtig mit dem Sekt auffüllen. Noch edler ist es natürlich, den Kir Royal nicht mit Sekt, sondern mit Champagner zu servieren.

Variation:

Den Cassis mit gut gekühltem Aligoté auffüllen. Diese einfache Version heißt dann nicht mehr Kir Royal, sondern schlicht Kir.

Crèmant de Bourgogne

Diese preiswerte und dennoch festliche Alternative zum Champagner wird in Frankreich traditionell für den Kir Royal verwendet. Die Schaumweine haben eine hohe Qualität und werden entweder nur aus weißen Rebsorten oder als Rosé hergestellt und trocken (*brut*) oder halbtrocken (*demi sec*) ausgebaut. Verwendet werden alle für das Burgund genehmigten Rebsorten wie Chardonnay, Pinot Gris, Pinot Blanc, Sacy, Aligoté, Melon de Bourgogne, Pinot Noir und Gamay.

Graves

Der Ursprung der Bordeaux-Weine liegt historisch ge sehen in Graves. Es werden sowohl Rot- als auch Weißweine angebaut. Die roten zeichnen sich durch Fülle, Komplexität und Eleganz aus, die Weißweine sind meist trocken, aber dennoch fruchtig und heute durch Faßausbau geprägt. Rote Rebsorten sind Cabernet Sauvignon, Merlot, Cabernet Franc und zum Teil Malbec, bei den weißen herrschen Sauvignon Blanc und Sémillon vor, in kleineren Mengen auch Muscadelle und Ugni Blanc (Château Haut-Brion, Château Rahoul AC Graves)

Bordeaux

Mit seinem großen Hafen und dem entsprechenden Kapital hat Bordeaux als Handelszentrum seit jeher die Entwicklung der französischen Weingüter gefördert. Bereits im 19. Jahrhundert erwarb sich die Region ihren Ruf als bestes Anbaugebiet für Rot- und Weißweine. Mit 150 km Länge und bis zu 70 km Breite ist Bordeaux eines der größten Weinbaugebiete Frankreichs. Es setzt sich aus den Gebieten Médoc, Bordeaux Est und Bordeaux Sud zusammen. Magere Erde, ausgezeichnete Wasserdurchlässigkeit und ein mildes Klima schaffen hier perfekte Verhältnisse für den Weinbau.

MÉDOC

Das Médoc ist eines der wichtigsten Rotweingebiete der Welt. Bereits seit dem 18. Jahrhundert ist es ein Symbol für teure Weine, da die Mehrzahl der renommiertesten Weingüter der Welt hier zu finden sind. Es gibt acht Appellationen: Médoc, Haut-Médoc, Margaux, Moulis, Listrac, Pauillac, St.-Estèphe und St.-Julien.

HAUT-MÉDOC

In diesem Gebiet liegen 18 Gemeinden, die das Recht haben, ihre Weine als „AC Médoc" zu bezeichnen. Im südlichen Teil überwiegen elegante, leichte Rotweine aus Cabernet Sauvignon (Château d'Arsac, Château La Lagune), im Norden findet man schwerere Weine mit Merlot als Hauptrebsorte (Château Sociando-Mallet, Château Coufran).

MARGAUX – *große Gemeinde*

In der südlichsten Appellation des Médoc herrschen feine, elegante Weine vor. Zu 70% werden Cabernet-Sauvignon-Trauben angebaut. Es werden nur stilreine, klassische Rotweine produziert, sowohl des leichten, eleganten Typs als auch kräftige, tanninreiche Weine. Alle Margaux-Weine müssen mindestens sieben Jahre in der Flasche gelagert werden (Château Margaux, Château Giscours, Château Prieuré Lichine).

MOULIS-EN-MÉDOC

In diesem Gebiet werden nur Rotweine aus den Sorten Cabernet Sauvignon, Merlot, Cabernet Franc, Malbec und Petit Verdot angebaut. Moulis besitzt keine Cru-Classé-Schlösser, aber viele ausgezeichnete Cru-Bourgeoise-Güter – hohe Klasse, sehr preiswert (Château Maucaillou, Château Chasse-Spleen).

LISTRAC

Ähnlich wie in Moulis liegen die Weine trotz hoher Qualität preislich nicht so hoch wie in Margaux oder Pauillac. Im Listrac werden nur kräftige, rustikale Rotweine mit ausgeprägtem Tannin und markanter Frucht aus den Sorten Cabernet Sauvignon, Merlot, Cabernet Franc und Petit Verdot angebaut (Château Clarke Baron Edmond de Rothschild, Château Fourcas-Hosten).

PAUILLAC – *große Gemeinde*

Pauillac ist einer der berühmtesten Weinbauorte der Welt. Hier werden einzigartige Rotweine hergestellt, die eine breitere Geschmackspalette haben als die Kollegen im Médoc. Drei der fünf größten 1er Grand-Cru-Classé-Schlösser liegen in der Gemeinde Pauillac. Die Weine sind kräftig und haben ein großes Lagerungspotential (Château Mouton-Rothschild, Château Lafite Rothschild, Château Latour).

BORDEAUX EST

Die bekanntesten Weinbaugebiete des östlichen Bordeaux sind St.-Emilion und Pomerol.

ST.-EMILION – *große Gemeinde*

Den guten Ruf hat sich St.-Emilion durch ein Dutzend Schlösser wie Ausone und Cheval-Blanc erworben. Die Weine dieser Region zeichnen sich durch Fülle, Kraft und Sanftheit aus. Hauptrebsorten sind Merlot, Cabernet Franc und Cabernet Sauvignon (Château Ausone 1er Grand Cru Classé A, Château Cheval Blanc 1er Grand Cru Classé A, Château Figeac 1er Grand Cru Classé B)

ST.-JULIEN – *große Gemeinde*

Keine andere Gemeinde des Médoc hat einen so hohen Anteil klassifizierter Schlösser wie St.-Julien. Die Weine sind eher füllig, sanft und komplex. St.-Julien ist besonders in guten Jahren die Quintessenz des Médoc. Es dominiert Cabernet Sauvignon, im allgemeinen traditionelle Gärung in großen Fässern 10–15 Tage, Ausbau in Eichenfässern 15–25 Monate (Château Saint-Pierre, Château Ducru-Beaucaillou).

POMEROL – *große Gemeinde*

Pomerol ist das kleinste unter den „großen Weinbezirken" des Bordeaux. Obwohl es erst nach dem Zweiten Weltkrieg als Anbaugebiet bekannt wurde, zeigen die Preise der besten Weine des Pomerol heute deutlich seinen guten Ruf. Nur weiche, füllige und großzügige Rotweine mit viel Frucht, Leichtigkeit und Eleganz. Es gilt keine offizielle Klassifizierung, doch die Preise sprechen für sich. Es werden hauptsächlich die Rebsorten Merlot und Bouchet, die lokale Variante des Cabernet Franc, angebaut. Spitzenwein dieses Gebietes ist der Pétrus (Château Pétrus, Château Latour-Pomerol)

ST.-ESTÈPHE – *große Gemeinde*

In diesem Gebiet findet man eine größere Spannweite zwischen einzelnen Qualitäten und eine etwas breitere Auswahl an Weinsorten. Cabernet Sauvignon und Merlot sind hier gleich stark vertreten (Château Montrose, Château Lafon Rochet).

ZUTATEN

24 Felsenaustern
250 g Crème double
1–2 Bund Estragon, gezupft und fein gehackt
schwarzer Pfeffer aus der Mühle
1 Prise Cayenne- oder schwarzer Pfeffer
Zitronensaft
2 kg Salz, auf ein Backblech verteilen und glatt streichen, dient als Halt für die Austernschalen

FELSENAUSTERN MIT ESTRAGON ÜBERBACKEN

ZUBEREITUNG

Austern öffnen. Hierzu ausschließlich einen Austernbrecher verwenden, da alle anderen Methoden mit sonstigen Werkzeugen extrem gefährlich sind.
Den Saft in der Schale belassen, Austernbart entfernen. Austern mit Schale auf das Backblech in das Salz drücken. Crème double mit fein gehacktem Estragon, Zitronensaft, Cayenne- oder schwarzem Pfeffer mischen, auf die Austern geben und im vorgeheizten Backofen bei 220° C Oberhitze ca. 10 Minuten überbacken.
Dazu reichen wir Baguette.

ZUTATEN

600 g Kalbsbries, geputzt und gewässert
3 ganze Artischocken
oder fertige Artischockenböden
200 g Paprika in verschiedenen Farben,
fein geschnitten
200 g Zuckerschoten,
geputzt, blanchiert und abgeschreckt
100 g Butter
125 ml Sahne
100 ml trockener Wermut
½ Zitrone
Saft einer ½ Zitrone
Meersalz
schwarzer Pfeffer aus der Mühle

KALBSBRIES AUF ARTISCHOCKEN UND ZUCKERSCHOTEN

ZUBEREITUNG

Artischocken

Von den Artischocken die unteren 5 bis 6 Blätter entfernen, den Stiel knapp unter dem Boden abschneiden. Die Artischocken waagrecht halbieren, da wir nur die Böden verwenden.
Die so zugeputzten Artischocken in kochendes Wasser geben, etwas Meersalz und eine halbe Zitrone zufügen und so lange köcheln lassen, bis sich die Blätter leicht herausziehen lassen. Artischocken aus dem Wasser nehmen und erkalten lassen. Nun die restlichen Blätter und den sogenannten Bart entfernen. Die verbleibenden Artischockenböden in mittelfeine Streifen schneiden.

Kalbsbries

Gewässertes Kalbsbries ca. 5 Minuten in Salzwasser ankochen, abschrecken, halbieren und in 1 cm dicke Scheiben schneiden.
In einer Pfanne Butter zergehen lassen, Briesscheiben mit Meersalz und Pfeffer beidseitig würzen und goldgelb braten.
Bries herausnehmen und warm stellen.
In die gleiche Pfanne die Paprikastreifen, Zuckerschoten und Artischockenböden geben, leicht in Butter andünsten, mit Wermut und Zitronensaft ablöschen, etwas reduzieren, Sahne aufgießen und mit Meersalz und Pfeffer abschmecken.
Bries darauf verteilen und anrichten.
Evtl. mit gehackten Kräutern verfeinern.

ZUTATEN
1,5 kg Rindfleisch
(Nuß oder Schulter),
in mittelgroße Würfel
geschnitten, ca. 4 cm Seitenlänge
5 Knoblauchzehen,
geschält, grob gehackt
3 Zwiebeln,
geschält, grob gehackt
2 Karotten,
geschält, grob gehackt
300 g Champignons,
geputzt und halbiert
200 g grüner Speck,
grob gewürfelt
75 ml Olivenöl
Kräuter der Provence

Marinade
4 Lorbeerblätter
6 Wacholderbeeren
6 Gewürznelken
50 g getrocknete Orangenschale
3 ganze Sternanis
700 ml kräftiger Rotwein,
wenn möglich Burgunder
Meersalz
schwarzer Pfeffer aus der Mühle
200 g schwarze Oliven, entkernt

BŒUF EN DAUBE

ZUBEREITUNG

Das Fleisch über Nacht in Marinade legen.

Diese Speise sollte in einem geeignet großen Römertopf gegart werden. Wichtig ist ein schwerer, vertiefter Deckel, in den man während des Garens Wasser zur Verdunstung füllen kann.
In einer Pfanne Olivenöl erhitzen, die Zwiebeln, den Knoblauch und die Karotten langsam darin andünsten. In einer weiteren Pfanne Speckwürfel und das abgetropfte marinierte Fleisch kurz scharf anbraten.
Das Ganze in den Tontopf geben, mit Marinade übergießen, je nach Geschmack salzen und pfeffern. Den Deckel umgekehrt auf den Tontopf legen, mit Wasser füllen und im vorgeheizten Backofen bei 150° C ca. 4–5 Stunden langsam garen (je langsamer und länger die Daube gart, desto weicher und saftiger wird das Fleisch). Bei Bedarf etwas Wasser nachfüllen. 20 Minuten vor Ende der Garzeit die Oliven und Champignons mitköcheln lassen. Das Fleisch sollte nun so weich sein, dass man es mit dem Löffel zerteilen kann.
Dazu reichen wir Baguette.

COGNAC UND SAUTERNES

Cognac

Der *Chevalier de la Croix-Maron*, einer der Vorfahren der Cognac produzierenden Familie Castelbajac, gilt als der legendäre »Erfinder« des nach der Stadt Cognac benannten Getränkes.
Cognac ist ein Weinbrand aus Weißweinen. Der Grundwein wird überwiegend aus der Sorte *Ugni Blanc* (St.-Émilion) gekeltert. Als geschützte Herkunftsbezeichnung ist der Name heute für das dort hergestellte Erzeugnis reserviert. Seit 1930 erfolgt die Einteilung in sechs Crus: *Grande Champagne, Petite Champagne, Borderies, Fins Bois, Bons Bois, Bois Ordinaires.*
Kommt ein Brand zu mindestens 50% aus der Grande Champagne und der Rest aus der Petite Champagne, wird er als *Fine Champagne* bezeichnet.
Nach der Destillation bewirkt die Lagerung im Holzfaß eine Vermischung der Primäraromen aus dem Wein mit den Sekundäraromen aus dem Holz. Verwendet wird zumeist Eiche aus den Wäldern des Limousin oder des Tronçais. Das Geheimnis des Cognacs beruht auf ihrer Reifung in Eichenfässern. Anfangs noch farblos, nimmt er über Jahre und Jahrzehnte einen immer dunkleren Farbton und komplexe Aromen an. Cognac der Einstufung *Very Special* oder »Drei Sterne« muß mindestens zwei Jahre im Faß gelagert sein. *Réserve, Very Old* oder *Very Superior Old Pale* (blaß) bezeichnen Brände, die mindestens vier Jahre im Faß gelagert wurden. Viele Häuser orientieren sich beim VSOP nicht so sehr am Alter als vielmehr an der gleichbleibenden Qualität. Als weitere Bezeichnungen sind *Extra*, die offizielle Bezeichnung *eXtra Old* (sechs Jahre im Faß), *Napoléon, Vieux* und *Vieille Réserve* im Gebrauch.
Berühmte Cognacs heißen unter anderem *Camus, Chabasse, Delamain, Guerbé »Grande Champagne«, Hine, Hennessy, Larsen, Otard/ Château de Cognac, Martell, Moyet, Rémy Martin.*

Sauternes/Barsac

Sauternes-Weine sind die berühmtesten Süßweine der Welt. Sie zeichnen sich durch Kraft und Eleganz aus. Die durch das Mikroklima verursachte Edelfäule *(pourriture noble)* spielt dabei die wichtigste Rolle. Die Erträge sind in der Regel nicht sehr hoch, ca. ein Glas Wein pro Rebstock. Daher erklären sich die exorbitanten Preise der Sauternes. Die Preise regeln heute die inoffizielle Klassifizierung, wobei an der Spitze der *Château d'Yquem* zu nennen ist. Hauptrebsorte ist Sémillon, außerdem werden in kleineren Mengen Sauvignon Blanc und Muscadelle angebaut (*Château d'Yquem, Château de Fargues*).

TARTE TATIN

ZUTATEN

Teig

100 g Mehl
70 g weiche Butter, in Würfeln
1 Ei
50 g Zucker

Belag

500 g saure Äpfel, ohne Kernhaus, geviertelt
60 g Butter
175 g Zucker

Pieform oder entsprechende feuerfeste Form
mit 28 cm Ø

FRANKREICH

ZUBEREITUNG

Mehl in die Rührschüssel sieben, eine Mulde eindrücken, Zucker und Ei dazugeben. Mit den Händen zu einem glatten Teig verkneten, dabei Butterwürfel nach und nach einarbeiten. Mit einem Tuch bedecken, ca. 1 Stunde ruhen lassen.
Die Butter in der Pieform zerlassen und den Zucker einstreuen. Die Apfelviertel mit der Wölbung nach oben in die Form schichten und ca. 15 Minuten auf der Herdplatte leicht brodeln lassen, bis der Zucker karamelisiert ist. Die Form beiseite nehmen, etwas auskühlen lassen, den Teig ausrollen (ca. 30 cm Ø), auf die Äpfel legen und die Ränder an der Form gut eindrücken. Die Tarte im vorgeheizten Ofen bei 200° C ca. 20–25 Minuten goldbraun backen. Die Tarte herausnehmen, etwas abkühlen lassen, stürzen. Getrennt mit Sahne oder Crème fraîche lauwarm servieren.

ZUTATEN

Rezept pro Hummer

1 lebender Hummer, ca. 1 kg

1 Flasche Champagner brut

3 Karotten, geschält, fein gewürfelt

1 große Zwiebel, geschält, fein gehackt

1 kl. Bund Thymian, gezupft

2 Zweige Rosmarin, gezupft, fein gehackt

1 Bund Basilikum, fein gehackt

1 Bund Petersilie, gezupft, fein gehackt

100 g Butter

1 Prise Cayennepfeffer

Meersalz

schwarzer Pfeffer aus der Mühle

HUMMER À LA SYBARITE (HUMMER IM CHAMPAGNERBAD)

ZUBEREITUNG

Den lebenden Hummer von oben hinter dem Kopf am Panzer fassen, mit dem Kopf zuerst in sprudelnd kochendes Wasser geben.
3–4 Minuten darin belassen. Hummer aus dem Wasser nehmen und halbieren. Am besten nehmen Sie ein spitzes, schweres Messer mit breitem Rücken und teilen mit einem Schnitt vom Kopf bis zum Schwanz einen Hummer in zwei Teile. Scheren aufbrechen. Den gallertartigen Beutel (Magen) beim Kopf und den langen, damit verbundenen Darm entfernen. Im Kopfteil des Hummers befindet sich auch die grünliche Leber, sie findet Verwendung als Würzmittel für Fischsaucen oder bei Eintöpfen (ansonsten entsorgen).
In einer geeigneten Pfanne die Hälfte der Butter zerlassen, die fein gehackten Zwiebeln goldgelb braten, Karotten und Kräuter zugeben und leicht dämpfen.
Die beiden Hummerhälften mit dem Panzer nach unten in die Pfanne geben und eine Flasche Champagner darübergießen. Die restliche Butter in Flöckchen auf dem Hummer verteilen, mit Cayennepfeffer, Meersalz und schwarzem Pfeffer abschmecken, etwa 30 Minuten leicht köcheln lassen. In der Pfanne direkt auf dem Tisch servieren. Dazu reichen wir Knoblauch-Kräuter-Baguette.

CAFE CENTRAL
CAFE CENTRAL

Gesegnete Mahlzeit!

So, Sie glauben also, nur weil Sie Deutsch verstehen, fänden Sie sich ohne weiteres in Austria zurecht? Bedenken Sie, daß Sie nur ein Ausländer sind und daher hilfs- und gewöhnungsbedürftig. Ihr Übermut wird sich rächen, sobald Sie sich zum Abendmahl niederlassen und das Menu studieren. Es wird Sie mit allerhand Überraschungen konfrontieren: dem Biegel und dem Beuschel, den Blunzen und den Stelzen, aber auch mit Fisolen, Erdäpfeln und Paradeisern. Hoffentlich sind Sie dann noch dazu aufgelegt, die eine oder andere gustiöse Mehlspeise zu bestellen, als da wären: die Germknödel, die Powidltatschkerl, die diversen Schmarren, die Palatschinken, die Golatschen oder die Pafesen. Ein Stamperl Marillen- oder Ringlottengeist könnte nach einer solchen Mahlzeit sicherlich nicht schaden, und zum Abschluß dürfen Sie zwischen einer Schale Gold, einem kleinen Braunen, einer Melange, einem Kapuziner und einem Einspänner wählen.

Eine solche Vielfalt kann nur ein untergegangenes Imperium bieten. Schon das österreichische Vokabular mit seinen Anleihen aus dem Tschechischen, dem Polnischen, Jiddischen, Ungarischen, und Italienischen verrät die Herkunft aus der k.u.k. Monarchie. Sogar die Türken haben, obwohl es ihnen seinerzeit nicht gelungen ist, Wien einzunehmen, dem Alpenland nicht nur den Kaffee und Kukuruz, sondern auch manche süße Spur auf der Speisekarte hinterlassen.

Sollte Ihnen aber der Altösterreichkult mit seinen nostalgischen Anwandlungen auf die Nerven gehen, so können Sie dem Chor der Grantscherben, Belferer, Raunzer und Keppler lauschen, die eine virtuose Schimpfkultur an den Tag legen. Oder Sie kehren den Hofräten und den Mozartkugeln einfach den Rücken und halten sich an die österreichische Postmoderne. Sie werden sich die Augen reiben, wenn Sie merken, wie erfolgreich und geschäftstüchtig, wie schick und designverliebt dieses Land sich geben kann. Nur wenn es ums Essen geht, sollten Sie vielleicht auf Sushi und Tandoori verzichten und sich einer Tradition anvertrauen, die reich an deliziösen Finessen ist.

Fürst

Schilcher-Sekt

Tafelspitzsulz mit Tomaten-Vinaigrette
Kürbiskernöl

Saibling-Kartoffel-Meerrettichstrudel
á la Brandstätter

Kalbslungenbraten mit Eierschwammerl
Serviettenknödel

Buchtel mit Powidl

Kleiner Schwarzer

Weine

GRÜNER VELTLINER

Ein duftig-leichter und eleganter Weißwein mit Noten von grünem Apfel, frischem Laub bis hin zu Salbei-, Pfirsich- oder Mandarinenaromen. Der Gebietsschutzverband *Vinea Wachau Nobilis Districtus* klassifiziert nach entsprechenden klimatischen und geologischen Gegebenheiten in drei Kategorien:
Steinfeder mit max. 10,7 Vol.-%
Federspiel mit max. 12 Vol.-%
Smaragd mit 12 Vol.-% und mehr

BLAUER ZWEIGELT

Dr. Friedrich Zweigelt kreuzte im Jahr 1922 Blaufränkische und St.-Laurent-Trauben zur heute in Österreich sehr populären Zweigelt-Traube, auch Rotburgunder genannt.
Die Rotweine zeichnen sich durch volle Fruchtaromen, zum Beispiel dunkler Beeren (Brombeeren), mineralische Würze oder oft durch Vanillearomen und tanninreichen Abgang aus.
Im Zusammenspiel von Blauem Zweigelt mit Cabernet Sauvignon entstehen immer wieder hervorragende Cuvées.

Sekt

SCHILCHER-SEKT

Die aus der Weststeiermark stammende Rebe *Blaue Wildbacher* eignet sich perfekt zur Versektung. Es entstehen Sekte mit feinem Cassis-Bouquet, Stachelbeeraromen mit cremig-buttrigem oder samtigem Charme.
Sie werden nach der klassischen Champagnermethode hergestellt, also mindestens sechzehn Monate auf der Hefe, Flaschengärung, handgerüttelt.

Welschriesling und Liptauer

WELSCHRIESLING

Der Welschriesling ist unter den österreichischen Weinen von großer Bedeutung. Diese spät reifende Weißweinsorte wird vorwiegend im Burgenland, in Niederösterreich sowie in der Steiermark angebaut.

In erster Linie liefert der Welschriesling fruchtige Weine, die ein- bis zweijährig in ihrer Jugend und Frische am besten pur oder als »G'spritzter« mit Mineral- oder Sodawasser zu genießen sind.

Darüber hinaus werden im Burgenland auch ausgezeichnete Beerenauslesen oder Trockenbeerenauslesen vom Welschriesling erzeugt.

Liptauer

250 g Topfen (Quark), 20% Fett
125 g Schafskäse, fein zerbröckelt
50 g Butter, schaumig gerührt
1 große Zwiebel, fein gehackt
25 g Kapern, fein gehackt
2 Sardellenfilets, fein gehackt
1 Bund Schnittlauch, fein gehackt
20 g Senf, mittelscharf
25 g Paprika, edelsüß
10 g gemahlener Kümmel
1 Prise Salz

Alle Zutaten zu einer streichfähigen Masse verarbeiten.

Weiche Brände

WACHAUER MARILLENBRAND

Der klassische Wachauer Marillenbrand ist einer von den wenigen geschützten Marken. Echt reine Brände zeichnen sich durch ein dezentes, feines, schmelzig-süßes Aroma aus und zeigen sich am Gaumen elegant und fruchtig intensiv, aber niemals aufdringlich oder raß.

Weinfaß im Keller der Freien Winzer, Wachau, gewidmet dem Ensemble des Burgtheaters Wien, 1955

ZUTATEN

500 g Tafelspitz, gekocht und fein gewürfelt
100 g Karotten, fein gewürfelt
100 g Essiggurke, fein gewürfelt
100 g Zwiebel, fein gewürfelt
100 g Petersilienwurzel
500 ml Rindfleischsuppe
10 Blatt Gelatine
1 Bund Petersilie, fein gehackt
weißer Weinessig
Salz
schwarzer Pfeffer
Zucker

ZUTATEN

Tomaten-Vinaigrette

Tomaten blanchiert, abgezogen, entkernt.
Knoblauch, Obstessig
Kürbiskernöl, Zucker, Salz
schwarzer Pfeffer aus der Mühle

TAFELSPITZSULZ MIT TOMATEN-VINAIGRETTE UND KÜRBISKERNÖL

ZUBEREITUNG

Die Gemüse (ohne Essiggurke) in kochendem Salzwasser drei bis vier Minuten blanchieren. Dann in Eiswasser abschrecken und auf einem Tuch gut abtropfen lassen.
Die Gelatine in kaltem Wasser einweichen, anschließend gut ausdrücken. Dann die Suppe erwärmen, nicht kochen, und die Gelatine darin unter ständigem Rühren auflösen.
Die Suppe jetzt mit Essig, Salz, Zucker und Pfeffer sehr kräftig abschmecken, denn die Gelatine nimmt beim Erstarren viel Geschmack weg. Das Fleisch und die Gemüsewürfel sowie Essiggurken, Zwiebelwürfel und die gehackte Petersilie gut vermischen. In eine ca. 1,5 l fassende Pastetenform füllen, etwas festdrücken, mit dem Sud aufgießen, bis alles bedeckt ist, und über Nacht in den Kühlschrank stellen.
Vor dem Anrichten die Form kurz in heißes Wasser tauchen, die Sulz herausstürzen, in ca. 2 cm dicke Scheiben schneiden, mit etwas Tomaten-Vinaigrette und Schnittlauch anrichten.

Tomaten-Vinaigrette

Tomaten sowie Knoblauch,Obstessig, Salz, Zucker und Kürbiskernöl zu einer Emulsion aufmixen und mit schwarzem Pfeffer aus der Mühle abschmecken.

ZUTATEN

4 Saiblingsfilets
100 g Krenpaste (Meerrettichpaste)
100 g frisch geriebener Kren (Meerrettich)
2 saure Äpfel, fein geraspelt
200 g mehlige Kartoffeln, gekocht, geschält und durchgedrückt
100 ml süßer Rahm (Sahne)
2 Eier
Meersalz, schwarzer Pfeffer aus der Mühle

4 Lagen fertiger Strudelteig

SAIBLING-KARTOFFEL-KRENSTRUDEL À LA BRANDSTÄTTER

ZUBEREITUNG

Die durchgedrückten Kartoffeln mit Kren, Äpfeln, Rahm, Salz und Pfeffer zu einer Masse verrühren.

Den Strudelteig zu einem Rechteck (je nach Größe der Saiblingsfilets) von ca. 20 x 25 cm Seitenlänge ausrollen, mit der Kartoffel-Kren-Masse in der Mitte dünn bestreichen, darauf das Saiblingsfilet legen, nochmals mit etwas Masse bestreichen. Die Strudelteigränder nun mit Ei bepinseln, über dem Saiblingsfilet zusammenschlagen und an den Rändern festdrücken.

Mit der Nahtstelle nach unten auf Backpapier legen, mit dem restlichen Ei bestreichen und im vorgeheizten Backrohr bei 160° C ca. 20–25 Minuten ausbacken.

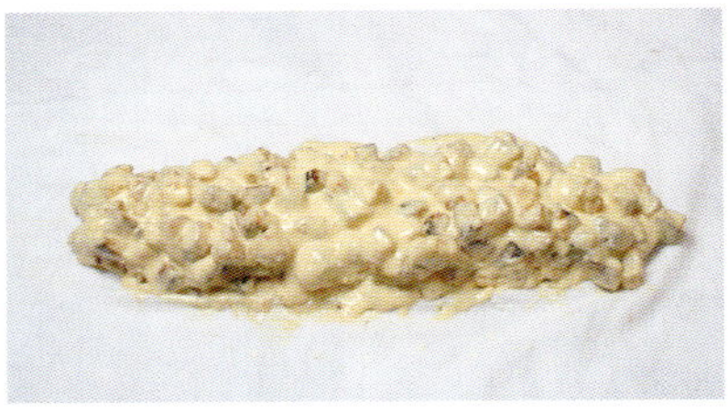

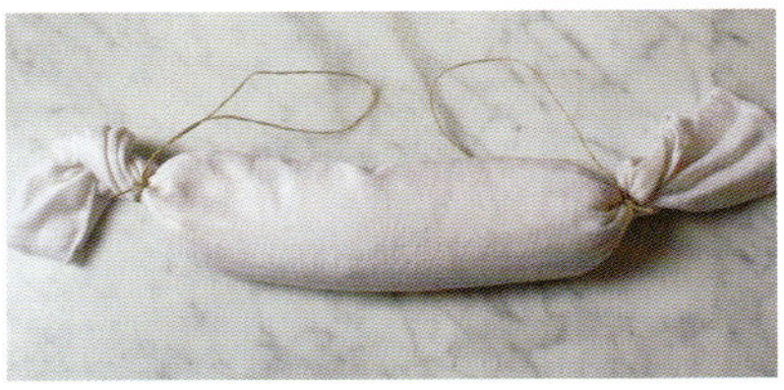

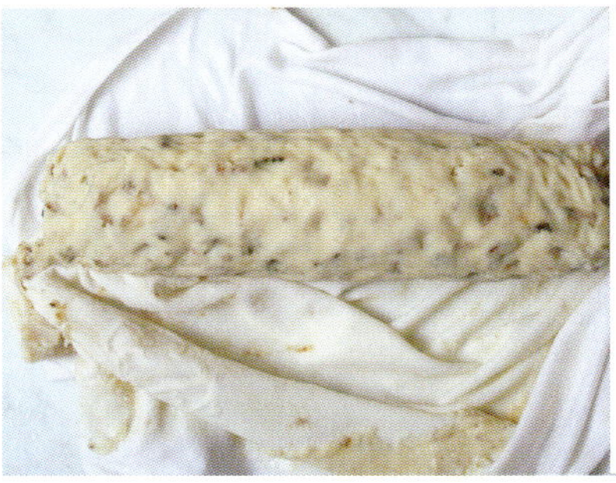

ZUTATEN

8 Scheiben Toast
30 g Butterschmalz
200 g Mehl
3 Eiweiß
2 Eigelb
150 ml Milch
Salz
Muskatnuß

ZUBEREITUNG

Für die Serviettenknödel eine große Stoffserviette oder ein kochfestes Tuch (ca. 35 x 35 cm) bereitlegen. Toast in kleine Würfel schneiden und in heißem Butterschmalz kroßbraun ausbacken, beiseite stellen und auskühlen lassen. Mehl mit einer Prise Salz und Muskatnuß, zwei Eigelb und Milch zu einem glatten Teig kneten, dabei die Milch nach und nach zugeben. Der Teig sollte elastisch, aber gut formbar sein. Das Eiweiß nun steif schlagen und langsam unter den Teig heben – nicht rühren. Anschließend Toastwürfel ebenfalls vorsichtig unter den Teig mischen. Serviette naß machen und wieder ausdrücken, den Teig in die Mitte geben und mit bemehlten Händen zu einer länglichen Rolle formen. Die Knödelmasse nun in das Tuch einrollen und die Enden zubinden. Die Rolle in kochendes, leicht gesalzenes Wasser geben (sie muß schwimmen können!) und ca. 20 Minuten ziehen lassen. Wenn die Rolle schwimmt, ist der Knödel gar. Mit der Schaumkelle herausnehmen, etwas ruhen lassen, auspacken und in Scheiben schneiden.

KALBSLUNGENBRATEN MIT EIERSCHWAMMERL UND SERVIETTENKNÖDELN

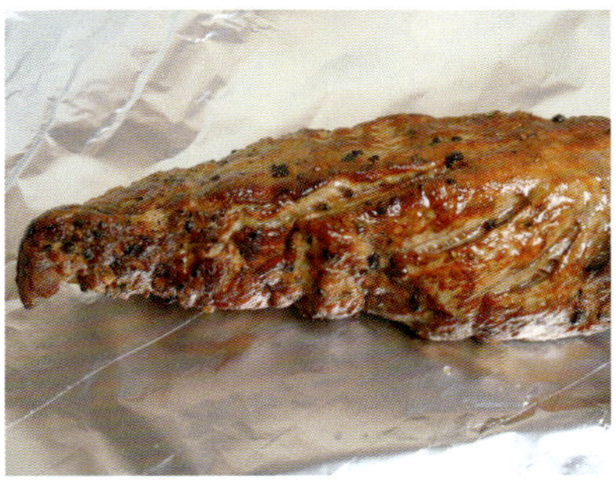

ZUTATEN

800 g Kalbslungenbraten (Kalbsfilet)
200 g Eierschwammerl (Pfifferlinge)
1 Zwiebel, fein gehackt
2 Bund Petersilie, fein gehackt
1 Bund Majoran, gezupft
250 ml Kalbsfond
125 ml Schlagrahm (süße Sahne)
50 g Butterschmalz
50 g Butter
Zitronensaft
Meersalz
schwarzer Pfeffer aus der Mühle
etwas Mehl

ZUBEREITUNG

Das Fleisch mit Salz und Pfeffer würzen und in einer geeigneten Pfanne im Butterschmalz auf allen Seiten scharf anbraten. Nun im vorgeheizten Rohr bei 180°C ca. 10–12 Minuten garen. Bratgut aus dem Rohr nehmen, in Alufolie wickeln und ruhen lassen.
Bratrückstand leicht mit Mehl stäuben und mit dem Kalbsfond ablöschen, kurz köcheln lassen und abseihen. Zwiebel mit der Butter in einer Pfanne glasig werden lassen, fächerig geschnittene Eierschwammerl dazugeben, mit dem Schlagrahm und Bratfond aufgießen und zu sämiger Konsistenz einkochen. Mit Petersilie, Majoran, etwas Salz und Pfeffer abrunden. Das Filet in ca. 2 cm dicke Scheiben schneiden und mit Eierschwammerln halb bedecken, dazu Serviettenknödel reichen.

WIENER KAFFEEHIMMEL

Das Kaffeehaus ist die eigentliche Seele des Wiener Lebens. Es ist eines der getreuesten Spiegelbilder der Stadt und ihrer Bewohner, Ruhepol und Treffpunkt zugleich. Das Studium der Wiener Kaffeehäuser hat etwas von einer geheimen Wissenschaft, denn nur der wahre Kenner wird die verschiedenen Kaffeeköstlichkeiten je ergründen können.

GROSSER BRAUNER

Doppelter Espresso mit Milch in großer Tasse.

KLEINER SCHWARZER

Einfacher Espresso ohne Milch in kleiner Tasse.

INTERMEZZO

Kleiner Mokka mit heißer Schokolade und Crème de Cacao verrührt, Schlagobers- (Sahne-)haube mit Mokkabohne oder Praline.

EINSPÄNNER

Großer Mokka im Henkelglas mit Schlagobershaube (Sahnehaube). Die Schlagobershaube hielt den Kaffee bei Wartezeiten länger warm, mit dieser verrührt war er aber auch schnell abgekühlt und trinkbereit, wenn eine Fuhre für den Kutscher anstand.

FIAKER

Großer schwarzer Kaffee im Glas mit viel Zucker und einem Stamperl Rum oder Slibowitz.

MELANGE

Halb Kaffee, halb Milch mit Honig und Zucker in großer Tasse.

WIENER MELANGE

Melange mit geschäumter Milch im Glas.

KAISERMELANGE

Mokka mit Eidotter, Honig und Cognac.

SCHALE GOLD

Kaffee mit Milch, etwas heller als ein Brauner.

Zum Kaffeegenuß sollte die richtige Mehlspeise nicht fehlen, ein Stück süße Verlockung mit Weltruf, die Sachertorte.

BUCHTELN MIT VANILLESAUCE

ZUTATEN

Buchteln

500 g Mehl
100 g Butter, warm
3 Eigelb
50 g Zucker
25 g frischer Germ (Hefe)
250 ml Milch
1 Prise Salz

Vanillesauce

125 ml Obers (süße Sahne)
125 ml Milch
1 Vanilleschote
3 Eigelb
30 g Vanillezucker
Rum- oder Bittermandelaroma

ZUBEREITUNG

In einer Schüssel mit 50 g Mehl eine Mulde eindrükken, in diese den Germ zerbröseln. 20 g Zucker darüber streuen und 1 Löffel warme Milch über den Germ gießen (nicht verrühren). Den Teig mit einem Tuch bedeckt an warmem Ort 25 Minuten gehen lassen. Danach alle restlichen Zutaten handwarm zugeben und so lange kneten, bis sich der Teig vom Schüsselrand löst und eine weiche Kugel entsteht. Nochmals mit einem Tuch bedeckt ca. 1 Stunde an einem warmen Ort gehen lassen. Den Teig auf bemehltem Brett 2–3 cm dick ausrollen. Mit einem Eierbecher die Buchteln ausstechen und aufs Backblech legen. Dabei alle Seiten der Buchteln mit ein wenig zerlaufener Butter bepinseln und mit dem Butterpinsel etwas zusammenschieben, damit sie sich nach dem Backen voneinander lösen. Die Buchteln bei 180° C ca. 20 Minuten goldbraun backen. Nun vom Blech nehmen und mit Vanillesauce lauwarm servieren. Milch und Obers in einen Topf geben. Vanilleschote der Länge nach aufschneiden und das Mark auskratzen. Vanilleschote und Mark in die Milch geben, Vanillezucker dazu geben und unter Rühren aufkochen. Vanillemilch vom Herd nehmen, ca. 10 Minuten ziehen lassen. Die 3 Eigelb mit einem Schneebesen in die lauwarme Vanillemilch einrühren und langsam wieder erhitzen, aber auf keinen Fall mehr kochen lassen, da sonst das Eigelb ausflockt. So lange rühren, bis die Vanillemilch etwas eindickt. Vanillesauce abkühlen lassen und ab und zu kräftig mit dem Schneebesen durchschlagen. Evtl. etwas Rum- oder Bittermandelaroma einrühren.

BEUKER

Smakelijk eten!

Der ahnungslose Reisende, der spät nachts aus dem Flugzeugfenster blickt, wird sich wundern. Ist das eine einzige riesenhafte Großstadt, was da unten glüht? Man sieht keine Straßen, sondern ein gleichmäßiges kaltes Leuchten. Das ist die niederländische Landwirtschaft, die Tag und Nacht in ihren flächendeckenden Glashäusern gedeiht und halb Europa mit Gurken und Tomaten, Blumen und Salat versorgt. Ein gnadenlos industrialisierter Ackerbau!

Schon immer waren sie ja Pioniere des Kanal- und Dammbaus, die jeden Hektar ihres kleinen, übervölkerten Landes zu nutzen wußten, und gewiefte Händler, die es früh zu bürgerlichem Reichtum brachten.

Ihrem Nationalgericht merkt man das nicht an. Es ist der *stampot*, ein Eintopf mit hundert Varianten aus zermanschten Kartoffeln, in dem man alles mögliche finden kann: Grünkohl, Karotten, Broccoli, Endivien, Chicorée, Sauerkraut, Äpfel, Kohlrabi, Zwiebeln, Bohnen, Wurst und Speck ... Ein behäbiges, nahrhaftes, aber nicht unbedingt raffiniertes Mahl. Das ist freilich nicht alles, was die Niederlande zu bieten haben. Man ißt viel Fisch, man stellt Edamer, Boerenkaas und Maasdamer auf den Tisch oder den berühmten Gouda, der aber nicht so heißen darf, weil sich die Marketing-Affen doofe Namen wie »Pikantje von Antje« ausgedacht haben. Die Sprache schätzt von jeher den herzigen Diminutiv, was zur Folge hat, daß man jederzeit ein *plakje*, ein *kopje*, ein *koekje* oder ein *poffertje* ordern kann.

Wo aber Gefahr ist, wächst das Rettende auch. Es war der Imperialismus, der den Niederlanden einen Ausgleich für die hausbackene Wohlhäbigkeit beschert hat. Ja, die friedlichen Holländer hören es ungern, aber auch sie besaßen ein Imperium, eine Tatsache, die ihnen nicht nur Probleme ins Haus gebracht hat, sondern auch eine kulinarische Sensation: die Reistafel, die an Vielfalt und Genußsucht schwer zu übertreffen ist. Schon die Zutaten versprechen einen exotischen Reichtum von Nuancen. Um sie auszuwählen, ist ein eigenes Wörterbuch nötig; denn wer wüßte schon auf Anhieb *sereh* und *daoen-salam*, *sambal oelek* und *sambal badjak*, *kroepoek*, *boemboe* und *seroendeng* zu unterscheiden, wenn er vor dem Spezialregal im Supermarkt steht? Das ist ein Studium, dem, der sich mit dem *stampot* nicht zufriedengeben will, aufs wärmste zu empfehlen.

Dutch Martini

Senfrahmsuppe mit Miesmuscheln

Matjesfilet den Herder

Hutspot mit Klapstuk

Bitterkekse-Vla

Jenever

NIEDERLANDE

JENEVER (auch GENEVER)

Die absolute Nummer eins der holländischen Schnäpse ist ganz sicher »Jenever«. Um das Jahr 1600 hat der Leidener Professor Franziskus de Bove den Jenever kreiert, auf der Suche nach einem Medikament gegen die Folgen der Völlerei. Aus Gerste, Mais, Roggen, Wacholder und anderen Zutaten wie Kümmel, Anis und Koriander schuf er einen Verdauungsschnaps, den er nach dem französischen Wort für Wacholder »Genievre« nannte. Er wird heute als junger (*jonge*) und alter (*oude*) Jenever angeboten. Aber nicht das Alter ist für die Qualität entscheidend, sondern der Anteil an »Malzwein«, ein Destillat aus Getreidemaische.

Die Malzweinbeigabe ist nur in Holland Vorschrift. Jenever aus anderen Ländern hat deshalb meist auch einen anderen Geschmack. Alter Jenever besitzt von diesem Malzwein einen Mindestanteil von 5%, junger Jenever meist viel weniger. Man erkennt guten Jenever an seiner goldgelben Farbe, die er durch jahrelange Lagerung in Eichenfässern erhält. Eine Besonderheit ist der »De Vijf Jaaren«, ein durch sehr lange Lagerung in Eichenfässern dunkler Jenever.

Es gibt noch eine Reihe von likörartigen Jenevern, die mit Johannisbeere, Apfel, Kirsche oder mit Himbeeren versetzt sind. Jenever sollte stets eisgekühlt getrunken werden.

HOLLÄNDISCHES BIER

Die bekanntesten Marken sind Heineken, Amstel Pils und Grolsch, in den jeweiligen Jahreszeiten gibt es außerdem den »Lentebok« und »Herfstbok«. Als Dosenbier wäre noch das Amsterdamer Maximator zu erwähnen.

Die Holländer trinken ihr Bier aus dem klassischen Bierte-Glas. Es wird bis zum Rand gefüllt, und der Schaum wird abgestrichen (was für mich als Bier genießender Bayer eine abscheuliche Vorstellung ist – aber bitte …).

HOLLÄNDISCHER BITTER

Der *Beerenburg* ist in Holland der bekannteste und beliebteste Bitter. Der Hochprozentige wird aus verschiedenen Kräutern nach einem geheimen Rezept des Amsterdamer Kräuterhändlers Henrik Beerenburg hergestellt.

Dutch Martini

6 cl Vermouth weiß
3 cl Jenever
1 grüne Olive
2 Eiswürfel

Die Eiswürfel in ein Rührglas geben, den Martini und den Jenever über das Eis gießen und gut umrühren. Durch das Barsieb in ein Cocktailglas gießen und mit einer grünen Olive servieren.

Fliegender Holländer

(für 8 Tassen)
1 l Kaffee, stark und heiß
16 cl Advocaat
200 ml süße Sahne
20 g Zucker
20 g holländischer Kakao
20 g gemahlener Kaffee

Den Kaffee mit dem Advocaat mischen, die Sahne und den Zucker in eine Schüssel geben und steif schlagen.
Die Kaffee-Eierlikör-Mischung in vorgewärmte Tassen geben. Jede Tasse mit einer Sahnehaube versehen. Das Kakaopulver mit dem gemahlenen Kaffee mischen und über die Haube streuen.

ADVOCAAT (EIERLIKÖR)

Der Name Advocaat leitet sich von der Avocado ab, die portugiesische Händler im 17. Jahrhundert in ihrer Kolonie Brasilien entdeckten. Die Indianer stellten aus Avocado, Rum und Zucker ein Getränk her, das man in der Heimat nicht missen mochte. Doch die Avocado wollte im europäischen Klima nicht gedeihen. So ersetzte man das gelbe, butterweiche Fruchtfleisch einfach durch Eidotter, was an Farbe sowie Geschmack dem echten Advocaat sehr nahe kam.

Advocaat

(für 1 l)
18 Eier
300 g Zucker
800 ml Cognac
2 Vanilleschoten
1 Prise Salz

Das Vanillemark aus der Schote kratzen.
Die Eier mit dem Zucker im Mixer zu einer dicken Masse rühren.
Eine Prise Salz dazugeben und unter ständigem Rühren den Cognac langsam dazugießen. Das Vanillemark zugeben und in einem Kessel mit dem Schneebesen über leichter Flamme so lange schlagen, bis die Masse sich erwärmt und dickflüssig wird. Streng darauf achten, daß die Masse nicht zu heiß wird oder gar kocht.
Nun in sterilisierte Flaschen abfüllen und kühl stellen.
Den Advocaat mit einem kleinen Sahnehäubchen und einem Minzblatt garnieren.
In Holland wird der Advocaat mit einem kleinen Löffel konsumiert.

ZUTATEN

600 g Miesmuschelfleisch, gekocht
(entspricht ca. 2 kg frischen Miesmuscheln)
200 g Zwiebeln, fein gewürfelt
2 mittelgroße Karotten,
in feine Julienne geschnitten
1 Lauchstange (nur das Weiße),
in feine Julienne geschnitten
100 g körniger Senf
1 l Hühnerbrühe
200 ml süße Sahne
50 g Butter
2 Bund Petersilie, fein gehackt
1 Prise Muskatnuß
Meersalz
etwas Zucker
schwarzer Pfeffer aus der Mühle

SENFRAHMSUPPE
MIT MIESMUSCHELN

ZUBEREITUNG

Die Zwiebeln, Karotten und den Lauch mit der Butter im Topf leicht anrösten. Die Hühnerbrühe aufgießen und 10 Minuten leicht köcheln lassen.
Nun den Senf und die Sahne dazugeben und abermals 5 Minuten köcheln lassen.
Das Muschelfleisch in die Suppe geben (nicht mehr kochen), mit Meersalz, Zucker, Muskat und Pfeffer abschmecken.
Vor dem Servieren mit der gehackten Petersilie bestreuen.

ZUTATEN

8 Matjesfilets
200 g Nordseekrabben
4 hartgekochte Eier, fein gewürfelt
2 Birnen, geschält und fein gewürfelt
100 g junger Gouda, fein gewürfelt
200 g Mayonnaise (hausgemacht
oder Fertigprodukt)
2 TL Senf, scharf
Saft einer ½ Zitrone
etwas Ingwer, fein gehackt
1 Prise Zucker
Meersalz
schwarzer Pfeffer aus der Mühle

Garnitur

Kopfsalatherzen und Dillspitzen

MATJESFILET DEN HELDER

ZUBEREITUNG

Die Matjesfilets waschen und mit Küchenkrepp trocken tupfen.

Die Krabben (die Hälfte für die Garnitur zur Seite geben) mit Ei, Birne, Gouda, Senf, Ingwer, Zitronensaft, Mayonnaise, Zucker, Salz und Pfeffer zu einer Masse verrühren.

Je ein Matjesfilet in zwei längliche Stücke schneiden und mit der Masse auf einem Teller dekorativ mit Salatherzen, den restlichen Krabben sowie Dillspitzen anrichten.

NIEDERLANDE

ZUTATEN

1 kg Rindfleisch, Klapstuk
(Hochrippe oder Rinderbrust)
1,5 l Gemüsebrühe
500 g Kartoffeln, geviertelt und geschält
300 g Karotten, geschält, halbiert
und in 2 cm lange Stücke geschnitten
300 g Zwiebeln, geschält und geviertelt
1 kl. Bund Thymian
1 kl. Bund Rosmarin
4 Nelken
Meersalz
schwarzer Pfeffer aus der Mühle
scharfer Senf
150 g zerlassene Butter

HUTSPOT MIT KLAPSTUK

ZUBEREITUNG

Das Rindfleisch ca. 2½ Stunden (bis es weich ist) in der Gemüsebrühe mit Thymian, Rosmarin, Nelken leicht köcheln bzw. simmen lassen. Anschließend das Fleisch abkühlen lassen und in nicht zu dünne Scheiben schneiden.

Eine halbe Stunde, bevor das Fleisch gar ist, die Kartoffeln getrennt von den Karotten und Zwiebeln weich kochen.

Die Karotten und die Zwiebeln zusammen weich kochen.

Anschließend alles abseihen und zusammen zu einem Brei (Hutspot) stampfen.

Mit Meersalz und schwarzem Pfeffer abschmecken.

Den Hutspot mit den Rindfleischscheiben und Senf servieren. Etwas Brühe und zerlassene Butter separat dazu reichen.

ZUTATEN

Bitterkekse

100 g süße Mandeln
50 g bittere Mandeln
300 g Zucker
2 Eiweiß

Bitterkekse-Vla

150 g Bitterkekse, fein zerkrümelt
75 ml heiße Milch
1 l Milch
75 g Vanillepuddingpulver
50 g Zucker

BITTERKEKSE-VLA

ZUBEREITUNG

Bitterkekse

Die Mandeln zweimal mit 150 g Zucker fein mahlen (z. B. in der Kaffeemühle) und mit dem restlichen Zucker mischen.
Nun das Eiweiß in das Mandel-Zucker-Gemisch einrühren, so daß eine lockere Masse entsteht. Diese Paste in einen Spritzbeutel füllen und auf ein Backpapier kleine, flache Kekse spritzen.
Die Kekse im vorgeheizten Backrohr bei 180° C ca. 15 Minuten braun ausbacken.
Gut abkühlen lassen und vorsichtig vom Backpapier lösen.

Bitterkekse-Vla

Die Kekse in einer Schüssel mit der heißen Milch besprenkeln und zerbröseln.
In einer weiteren Schüssel das Vanillepuddingpulver mit dem Zucker mischen, einen Schuß kalte Milch dazugeben und zu einer glatten Masse verrühren.
Den Rest der Milch zum Kochen bringen, die Vanille-Zucker-Masse nach und nach in die heiße Milch einrühren und die Creme (Vla) bei schwacher Hitze eine Minute köcheln lassen.
Zum Schluß die Bitterkekskrümel in die Vla rühren und in Schälchen abfüllen.
Eine dünne Lage Zucker darüberstreuen, mit Folie abdecken und abkühlen lassen.

IL PAPA SANTO
AMARCORD
"Case di Tolleranza"
Casa di Lusso
AMARCORD
"Case di Tolleranza"
Casa di Lusso
VINO DELLA
PACE
NO ALLA GUERRA
MAO TSE-tung

Buon appetito!

»Italien ist eine Großmacht«, sagt er, legt den Kopf schief und prüft, wie wir auf seine dreiste Behauptung reagieren. Giacomo führt ein Restaurant in Bologna, dessen Namen wir nicht verraten.

Bologna *la grassa, la dotta*: die Gelehrte, weil hier die erste europäische Universität gegründet wurde, und die Üppige, weil ein leerer Bauch nicht gerne lernt. Daher die phantastischen Auslagen der Delikatessenläden und der Marktstände und die vorzüglichen Restaurants, von denen eines unser Freund Giacomo führt. Es ist schwer zu finden, denn eine Lichtreklame gibt es nicht, und die diskrete Pforte liegt in einem Hinterhof.

»Du lachst«, sagt Giacomo. Er ist enttäuscht, weil wir ihm nicht widersprechen. »Du hast recht«, sagen wir. »Ihr seid eine Großmacht, aber nur in der Küche.«

»Eben! Niemand kann mit uns konkurrieren, auch kein McDonald's. Wir sind allgegenwärtig, von Buenos Aires bis Tokio. Pasta, Pizza, Balsamico und Tiramisu – und das ist nur der Anfang. Ich rede gar nicht von Pesto und Parmesan, Grappa und Barolo. Eine kulinarische Weltsprache. Da können die Amerikaner, die den Espresso in Plastikbechern servieren, nicht mithalten. Und was heißt bei euch in Deutschland ›zum Italiener gehen‹? Das heißt einfach soviel wie essen. Allerdings, was sie euch dort vorsetzen, ist meistens nicht der wahre Giacomo – zu deutsch der wahre Jakob! Da müßt ihr schon nach Italien kommen.«

»Nach Bologna?«

»Ach was! Wohin ihr wollt. Ins Piemont, nach Sizilien, in die Lombardei, nach Ligurien, in die Campagna. Denn mit unserer Einheit ist es gottlob nicht weit her.«

»Genau wie bei uns in Deutschland.«

»Auf die lokale Tradition kommt es an. Gut essen ist eine Frage der Moral. Ich pfeife auf die Originalität. Mit der Designerküche könnt ihr mich jagen! Ja, meine Lieben, Italien besteht aus lauter unvergleichlichen Herzogtümern, und um die zu erobern, braucht ihr Zeit, eine empfindsame Zunge und einen guten Magen.«

Asti Spumante

Mozzarellarolle
Basilikum-Pesto, Parmaschinken
Kirschtomaten
Balsamico

Spaghetti con le Vongole Veraci

Osso bucco alla Milanese
Risotto allo Zafferano, Gremolada

Zuppa Romana

Espresso Napolitano

Lugana

Ein strohgelber bis grünlicher Ton ist charakteristisch für diesen wunderbaren trockenen Weißwein aus dem kleinsten Anbaugebiet Italiens: Etwa 700 Hektar verteilen sich auf die Provinzen Veneto und Lombardei. Lugana-Wein wird zu mindestens 90% aus *Trebbiano*-Trauben gekeltert. Sein ausladender Duft und Geschmack geht von blumig bis fruchtig, reicht von Pfirsich bis Bittermandel und ist harmonisch vollmundig.
Lugana-Wein besitzt seit 1967 DOC-Status. Er eignet sich im besonderen zu Antipasti und Mozzarella-Gerichten und sollte bei 8–10° C aus mittelgroßen Tulpengläsern getrunken werden.

Gavi di Gavi oder Cortese di Gavi

Ein hellgelb schimmernder Spitzenweißwein aus dem Piemont, genauer aus der Provinz Alessandria. Seit 1950 von Vittorio Saldati angebaut.
Gavi di Gavi wird aus 100% *Cortese*-Trauben bei mindestens 10,5 Vol.-% Alkoholgehalt gekeltert. Seine Aromen, blumig bis elegant trocken, reichen von fruchtigen Pfirsich- bis zu Zitrusnoten. Gavi di Gavi ist ein trockener Weißwein mit DOCG-Status (seit 1983 die höchste Stufe des italienischen Weinrechts). Er sollte bei 8–10° C aus mittelgroßen Tulpengläsern getrunken werden und paßt besonders zu Fischen und Meeresfrüchten.

Barolo – König der Weine und Wein der Könige

Ein Barolo wird zu 100% reinsortig aus *Nebbiolo*-Trauben bei mindestens 13 Vol.-% gekeltert. Der Barolo braucht in der Regel acht bis zehn Jahre Reifezeit. Dabei verändert sich seine Farbe von granat- bis ziegelrot. Barolos weisen komplexe Aromen von Pflaumen, Rosen und Lakritze auf. Im Jahr 1980 wurde ihnen die DOCG-Klassifikation erteilt. Die besten Lagen befinden sich auf knapp 1300 Hektar Rebfläche in den Langhe-Bergen im historischen Kernbereich von Barolo, La Morra, Monforte d'Alba, Castiglione Falletto, Cherasco, Grinziano, Novello Rossi, Serralunga d'Alba und Verduno. In diesen Anbaugebieten werden 80% der *Nebbiolo*-Trauben gelesen. Ein Barolo sollte dekantiert werden.

Langhe

Langhe ist die Bezeichnung für einen italienischen Schaumwein mit dem Status eines DOC aus 142 Gemeinden der Provinzen Cuneo, Asti und Alessandria, Piemont. Das Gebiet liegt am rechten Ufer des Flusses Tanaro im Gebiet der Langhe.
Der Schaumwein wird nach der klassischen Methode (italienisch *metodo classico*) der Flaschengärung hergestellt und gehört somit zur Familie der Spumante.

Asti Spumante

Die Provinz Asti mit der gleichnamigen Hauptstadt liegt in der italienischen Region Piemont. Berühmt sind vor allem ihre Schaumweine, die aus der Sorte *Moscato di Canelli* produziert werden. Besonders gut gedeiht die Sorte in den Langhe-Bergen um den Ort Canelli, das Zentrum der Schaumwein-Industrie. Perlende Weine gab es hier schon im Mittelalter.

Moscato d'Asti

Moscati d'Asti ist ein italienischer süßer Weißwein aus den Provinzen Asti, Cuneo und Alessandria, Piemont. Er wird nur aus der Rebsorte Moscato Bianco hergestellt und hat den Status eines DOC-Weines. Der Wein dient auch als Grundlage des Asti Spumante, ein zum schnellen Genuß gedachter Schaumwein, den man nicht länger als ein Jahr lagern sollte.
Der Wein muß mindestens 10,5 Vol.-% potentiellen Alkoholgehalt haben. Mindestens ein Drittel davon wird nicht vergoren und verbleibt als Restsüße im Wein. Man trinkt ihn bei 10° C.

ZUTATEN

1 St. Mozzarella-Blätter, ca. 800 g
150 g Parmaschinken
250 g Kirschtomaten
Basilikum-Pesto
Basilikumblätter
Olivenöl extra vergine
schwarzer Pfeffer aus der Mühle
Balsamico

Basilikum-Pesto

50 g frische Basilikumblätter
5 g Meersalz
2 Knoblauchzehen
50 g geriebener Parmesan
30 g geröstete Pinienkerne
125 ml Olivenöl extra vergine

Alle Zutaten in einen Mixer geben und gut durchmixen, bis eine cremige Sauce entsteht.

MOZZARELLAROLLE
BASILIKUM-PESTO
PARMASCHINKEN
KIRSCHTOMATEN
BALSAMICO

ZUBEREITUNG

Mozzarellablatt auf ein Format von 35 x 30 cm zurechtschneiden und mit Basilikum-Pesto bestreichen, den Parmaschinken und die Basilikumblätter auf das Pesto auslegen, mit feingehackten Kirschtomaten bestreuen und mit schwarzem Pfeffer aus der Mühle würzen.
Nun vorsichtig, aber nicht zu ängstlich das Ganze zusammenrollen und die Rolle auf ein Tuch geben. Darauf achten, daß die Nahtstelle unten liegt. Dann das Tuch darüberschlagen, hinten und vorne mit etwas Druck auf die Enden zubinden und über Nacht in den Kühlschrank legen. Ca. 30 Minuten vor dem Servieren aus dem Kühlschrank nehmen, vorsichtig vom Tuch befreien und in ca. 2 cm dicke Scheiben schneiden.
Auf einem Teller anrichten, mit Olivenöl, Meersalz und einem Hauch Balsamico abrunden.

ZUTATEN

350 g Spaghetti

1 ½ kg Vongole veraci (Venusmuscheln)

750 g Eiertomaten (Stielansatz entfernen, enthäuten und klein hacken)

2 Bund Petersilie

2 Knoblauchzehen

60 ml Olivenöl extra vergine

250 ml trockener Weißwein (Gavi di Gavi)

Meersalz

schwarzer Pfeffer aus der Mühle

SPAGHETTI CON LE VONGOLE VERACI

ZUBEREITUNG

Venusmuscheln in fließend kaltem Wasser waschen, abtropfen, in einen Topf geben und mit dem Weißwein auffüllen. Bei großer Hitze sich öffnen lassen. Den Topf vom Herd nehmen. Die noch geschlossenen Muscheln wegwerfen. Das übrige Muschelfleisch auslösen und den Sud durch ein Tuch oder einen Kaffeefilter abseihen. Beides zur Seite stellen.

Den Knoblauch schälen und zerdrücken und die Petersilie fein hacken. Olivenöl in einen Topf geben, den Knoblauch ca. 2–3 Minuten lang anschwitzen. Dann die Muscheln und die Tomatenstücke hinzugeben, mit dem Muschelsud aufgießen und zum Kochen bringen. Die Sauce ist fertig, wenn die Tomaten gut eingedickt sind. Dann mit fein gehackter Petersilie, Meersalz, einer Prise Zucker und schwarzem Pfeffer aus der Mühle abschmecken.

Inzwischen Spaghetti al dente kochen, je 100 g Pasta pro 1 l Wasser und 10 g Salz, immer in kochendes Wasser geben. Abseihen und in die Muschelsauce geben. Sofort servieren.

ZUTATEN

Osso buco

6 Scheiben vordere Kalbshaxe mit Markknochen in der Mitte (ca. 2 cm dick)
100 ml Olivenöl extra vergine
2 mittlere Zwiebeln, grob gewürfelt
2 mittlere Karotten, grob gewürfelt
½ Staudensellerie, grob gewürfelt
750 g reife Tomaten
(Stielansatz entfernen, enthäuten, entkernen und klein hacken)
50 g Tomatenmark
250 ml trockener Rotwein
(wenn möglich Barolo)
500 ml Kalbsbrühe
1 kl. Bund Rosmarin
3 frische Lorbeerblätter
2 Knoblauchzehen
Meersalz
schwarzer Pfeffer aus der Mühle

Risotto allo zafferano

250 g Risotto-Reis (Arborio-Reis, Kochzeit ca. 25 Minuten)
40 ml Olivenöl extra vergine
80 g Butter
eine mittlere Zwiebel, fein gehackt
1 ½ l Gemüsebrühe
3 g Safranpulver oder -fäden
Meersalz
schwarzer Pfeffer aus der Mühle
etwas geriebener Parmesan
(nach Geschmack)

Gremolada

2 Bund Petersilie, fein gehackt
3 Knoblauchzehen, fein gehackt
40 ml Olivenöl extra vergine
Zitronenabrieb, je nach Geschmack
Meersalz
Alle Zutaten miteinander verrühren, kurz vor dem Servieren über das Osso buco geben.

OSSO BUCO ALLA MILANESE RISOTTO ALLO ZAFFERANO GREMOLADA

ZUBEREITUNG

Osso buco

Die Beinscheiben etwas salzen, pfeffern und in Mehl wenden. In einem genügend großen Topf die Fleischstücke rundherum in etwas Olivenöl anbraten, aus dem Topf nehmen und beiseite stellen. In den Topf noch etwas Olivenöl hinzugeben, Zwiebeln, Karotten, Sellerie und Knoblauch goldbraun anrösten, Tomatenmark hinzugeben. Mit Wein und der Hälfte der Kalbsbrühe aufgießen. Dann die Fleischstücke, Lorbeerblätter, Rosmarin und Tomatenstücke dazugeben. Ca. 1½ Stunden mit geschlossenem Deckel köcheln lassen, bis die Beinscheiben gar sind. Ab und zu nachsehen, ob noch genügend Flüssigkeit im Topf ist (bei Bedarf Brühe nachgießen).
Gegen Ende der Kochzeit den Rosmarin und die Lorbeerblätter herausnehmen. Mit Meersalz, schwarzem Pfeffer, einer Prise Zucker und einem Schuß Balsamico abrunden. Mit Risotto allo zafferano und Gremolada heiß servieren.

Risotto allo zafferano

Risotto-Reis auf keinen Fall waschen, da er sonst an Stärke verliert, die für die Sämigkeit notwendig ist. Der Risotto-Reis muß langsam unter ständigem Rühren gegart werden. Olivenöl, Butter und Zwiebel in einen Topf mit dickem Boden geben, die Zwiebel glasig werden lassen (keine Farbe nehmen), dann den Reis dazugeben und auf kleiner Flamme umrühren, bis sich die Körner gut mit Öl und Butter vollgesogen haben, schließlich den Safran dazugeben. Nun 1½ l heiße Gemüsebrühe im Lauf von 25 Minuten nach und nach unter ständigem Rühren in den Risotto-Reis einkochen. Wenn die Brühe vollständig aufgesogen ist, das Reiskorn probieren, um festzustellen, ob es weich genug ist. Wenn nötig, etwas Brühe nachgießen.
Den Risotto unbedingt vom Ofen nehmen, bevor er ganz gar ist, da er noch etwas nachzieht. Kurz vor dem Servieren mit Meersalz, schwarzem Pfeffer aus der Mühle und je nach Geschmack mit etwas Parmesan abschmecken.

ZUTATEN

Biskuitboden

3 Eier
100 g Zucker
100 g Mehl
1 TL Vanillezucker

Creme zum Füllen

200 g gemischte kandierte Früchte
150 g Zucker
60 g Mondamin (Kartoffelstärke)
6 Eigelb
3 Eiweiß
1 l Milch
1 TL Vanillezucker
1 Vanilleschote
3 Nelken
1 Zimtstange
Orangen- oder Zitronenschale
nach Geschmack
Weinbrand mit Fruchtsirup Ihrer Wahl
Prise Salz

ZUPPA ROMANA

ZUBEREITUNG

Biskuitboden

Den Backofen auf 180° C vorheizen.
Eier mit Zucker und Vanillezucker schaumig-cremig schlagen. Das gesiebte Mehl nach und nach zugeben und dabei mit einem Teigschaber vorsichtig unterheben. Die Biskuitmasse auf ein mit Backpapier ausgelegtes Backblech streichen. Im vorgeheizten Backofen bei 180° C Umluft ca. 15 Minuten lang ausbacken. Auskühlen lassen.
(Biskuitboden kann man auch fertig kaufen.)

Füllung

Die Milch mit Vanillezucker, Vanilleschote, Orangen- oder Zitronenschale, Nelken, Zimtstange und Prise Salz langsam erhitzen, dann 5 Minuten köcheln lassen. Alle Ingredienzien wieder herausnehmen.
Das Eigelb mit Zucker und Mehl schaumig schlagen, die heiße Milch langsam unterrühren, einmal aufkochen lassen, beiseite stellen, abkühlen lassen.
Die kandierten Früchte fein würfeln. Den Biskuit in 1 cm dicke Streifen schneiden, damit den Boden einer Gratinform auslegen und mit dem Weinbrand und Sirup gut beträufeln (nicht sparen).
Schichtweise die Creme und Früchte einfüllen: Biskuit – Weinbrand/Sirup – Creme – Früchte – Biskuit – Weinbrand/Sirup – Creme – Früchte – Biskuit – Weinbrand/Sirup.
Das Eiweiß mit Puderzucker steif schlagen, auf das Dessert streichen und im vorgeheizten Backofen bei 160–180° C etwa 15 Minuten überbacken. Bis kurz vor dem Servieren kalt stellen, am besten einen Tag vorher zubereiten.

Aceto Balsamico

Aceto Balsamico oder auch Balsamessig hat eine jahrhundertealte Tradition. Er stammt ausschließlich aus der italienischen Provinz Modena bzw. der Region Emilia-Romagna, wo er bereits vor 900 Jahren hergestellt wurde. Das Besondere an ihm sind seine dunkelbraune Farbe und die feine Harmonie von Süße und Säure.

Guten Balsamico erkennt man an seinem satten, dunklen Braunton. Er schmeckt angenehm durchdringend und intensiv aromatisch. In einem Glas geschwenkt, überzieht er es wie ein dicker, aber flüssiger Sirup.

Der Herstellungsprozeß des echten Balsamico ist sehr störungsanfällig: Die Bakterienkultur (die sogenannte »madre dell'aceto«, Essigmutter), die für die Fermentation verantwortlich ist, kann durch Insekten oder durch Infektion mit anderen Bakterien zerstört werden. Bei solchen Produktionsunterbrechungen müssen alle infizierten Fässer entleert und sterilisiert werden.

Bei der Balsamico-Herstellung wird der Most von spätgelesenen weißen *Trebbiano*-Trauben durch Kochen auf etwa 30–70% der ursprünglichen Menge eingedickt. Dieser Sirup wird gefiltert, danach fügt man einen Anteil mindestens zehn Jahre alten Balsamessigs sowie einen Anteil von 10% frischem Wein zu, worauf alles vergoren wird. Anschließend wird das Produkt jeweils über mehrere Monate in verschiedenen Holzfässern gelagert. Dieser Prozeß dauert viele Jahre, und der Essig wird um so dickflüssiger, je älter er ist. Die verschiedenen Holzarten und die Fermentation verleihen dem Balsamico seinen Geschmack und seine Farbe. Die Reihenfolge der Holzarten (Eiche, Kastanie, Kirsche, Esche, Maulbeere) spielt dabei eine wichtige Rolle. Es muß stets Luft in den Fässern bleiben, auch Temperaturschwankungen sind wichtig. Die große Hitze im Sommer sorgt für weitere Reduzierung, während der Winterkälte werden Trübstoffe herausgeklärt. Am Ende dieses aufwendigen Herstellungsprozesses bleibt nur noch ein kleines Fäßchen (je länger die Lagerungsdauer, desto kleiner) eines Jahrgangs übrig. Die Bezeichnung »Aceto Balsamico Tradizionale di Modena« ist seit 1983 gesetzlich geschützt, »Reggio Emilia« seit 1987. Das Mindestalter beider Essige beträgt zwölf Jahre.

Espresso Napolitano

Der Kimbo-Kaffee ist aufgrund seiner speziellen Vermahlung und typischen Röstung nach neapolitanischer Tradition intensiv, voll im Geschmack und besonders cremig. Der Neapolitaner trinkt in einer seiner 500 bis 600 Kaffeebars drei bis vier Espressi am Tag – »heiß wie die Hölle« muß er sein.

Man unterscheidet zwei Arten von Espresso:

den ESPRESSO CORTE
(mit wenig Wasser und viel Kaffee),

den ESPRESSO LUNGO
(mit etwas mehr Wasser).

Der mit Abstand am meisten getrunkene Espresso ist der »Kimbo Marrone Gusto Forte«, eine aus 70% Arabica und 30% Robusta bestehende Mischung, perfekt geeignet für Kaffeeautomaten und Espressokocher.

Grappa

Der Grappa ist ein ausschließlich in Italien produzierter Tresterbrand mit mindestens 37,5 Vol.-%. Grappa muß direkt aus dem Trester gewonnen werden und bis zu zehn Jahre in speziellen Eichenfässern lagern. Spitzen-Grappas werden auch in Birnbaum-, Apfel-, Mandel-, Kirsch- oder Maulbeer-Holzfässern gereift. Die Hochburg der Grappa-Produktion ist Bassano del Grappa, am Fuße des Monte Grappa in der Provinz Veneto gelegen.

AND LET THE
POOR CHILDREN
HAVE TANGO TOO

Have a nice meal!

Sie war immer gefürchtet, die englische Küche. Niemand hat ihre großen Erfindungen so recht gewürdigt, die, wie das Sandwich, in der ganzen Welt verzehrt werden. Kein Mensch braucht ein Wörterbuch, um zu wissen, was ein Steak ist, besser noch: ein Roastbeef, oder ein Keks (das ist eigentlich ein kleiner *cake*).

Trotzdem, es lag unleugbar ein Hauch von Tristesse über der herkömmlichen englischen Kochkunst. Wer erinnert sich nicht an die schwerverdaulichen *pies*, ganz gleich, ob die Füllmasse aus Hammelfleisch, Fisch oder Nieren bestand; die giftgrünen Erbsen aus der Dose, die *fish and chips* aus der Straßenküche? Und auch den eleganteren Restaurants fehlte die Ambition, dem Puritanismus den Vogel zu zeigen.

Damals, in der guten alten Zeit, gab es eine einfache Methode, in England ausgezeichnet zu essen. Man vermied Lunch und Dinner und konzentrierte sich auf die Randzonen: Frühstück und *low tea*: damit war der ganze Tag aufs angenehmste zu bestreiten.

Ein ordentliches *breakfast* bestand aus einer Kanne Tee (vom Kaffee sah man besser ab), einem Orangensaft, Butter und Toast in einem silbernen Ständer; aber das war nur der Anfang. Es standen ferner auf dem Tisch: Bücklinge, gegrillte Tomaten, Würstchen, Bacon und Rührei, Porridge, Black Pudding, und wem das noch nicht genug war, Lammnierchen in Sherry. Damit kam man bis zum Nachmittagstee ohne weiteres über die Runden. Und dort boten sich auf dem silbernen Tablett und auf der Etagere aus Wedgwood-Porzellan erstens die berühmten Gurkenschnitten, Sandwiches mit Lachs, Cheddar, Ei und Kresse; zweitens *scones* und *clotted cream* mit allen möglichen Konfitüren, und drittens *shortbread, muffins, fruit cake* und *Victoria sponge* als Nachspeise.

Diese Zeiten sind vorbei. Heute ist London sinnlos teuer und äußerst kosmopolitisch geworden. Niemand hat mehr Zeit für ein ausgiebiges Frühstück. Pasta, Tandoori und Wok haben gesiegt, und sogar der Kaffee ist keine dünne Brühe mehr.

Oh, wir haben Schottland vergessen! Der heilige Andrew möge uns verzeihen! Ja, die Ausländer wissen nie so recht zu unterscheiden zwischen England, Britannien und dem Vereinigten Königreich. So entgeht ihnen manches, zum Beispiel das schottische Nationalgericht. Die amerikanische Aufsichtsbehörde hat verkündet, es sei ungeeignet für den menschlichen Genuß, und seine Einfuhr untersagt. Dabei hört sich das Rezept sehr interessant an: Es handelt sich um einen Schafmagen, gefüllt mit einem Hack aus Lunge, Herz und Leber, mit Brühe, Talg und Hafermehl gekocht und mit Rübenbrei serviert. Wer tapfer ist, sollte im Norden der Insel nicht versäumen, eine Portion *haggis* zu bestellen.

Pimm's No. 1 Cup

Klare Oxtail Soup mit Gemüsejulienne

Gebackene Wachteleier

Roastbeef mit Yorkshirepudding
Gemüse, Gravy

Tea Cream auf Butterkeks
mit frischen Beeren

Bombay Sapphire

Pimm's No. 1

James Pimm erfand den Pimm's No. 1 im Jahr 1841. Dieses Getränk war so erfolgreich, daß es ab 1870 in Flaschen abgefüllt und im großen Rahmen verkauft und verschifft wurde. Die Rezeptur ist gutgehütetes Geheimnis, auch heute kennen sie nur wenige Personen. Alle Firmenangestellten müssen sich verpflichten, das Rezept, sollten sie es zufällig erfahren, nicht preiszugeben. Die Zutaten werden so eingekauft, daß man daraus das Rezept nicht rekonstruieren kann.

PIMM'S NO. 1 CUP

5 cl Pimm's No. 1
7up oder Ginger Ale
Dekoration: ½ Orangen- und Zitronenscheibe
1 Cocktailkirsche
1 Gurkenschale (klassisch)

In einen speziellen Pimm's-Glaskrug oder in ein Longdrinkglas 3–4 Eiswürfel geben, Pimm's darüber gießen, mit 7up oder Ginger Ale auffüllen. Je ½ Zitronen- und Orangenschale, eine Cocktailkirsche und eine Gurkenschale dazugeben.

ENGLISH BOWLE

3 Bund frische Minze, fein gehackt
500 ml englischer Whiskey
1,5 l Weißwein, trocken
700 ml Sekt, trocken

Die Pfefferminzblätter mit dem Whiskey übergießen und zwei Stunden zugedeckt ziehen lassen. Den Ansatz durch ein Sieb in ein Bowleglas gießen, mit Weißwein auffüllen und für zwei Stunden im Kühlschrank kalt stellen. Kurz vor dem Servieren den Sekt auffüllen und umrühren.

Ale – Porter – Stout

ALE: In Großbritannien ist Ale quasi synonym mit Bier. Ein fermentiertes, alkoholisches Getränk, das hauptsächlich aus gemälzter Gerste gewonnen wird. Ales werden mit obergäriger Hefe bei 15–25° vergoren. Im allgemeinen haben Ales einen höheren Alkoholgehalt als Lagerbiere (4–6 Vol.-%), sind robuster und werden bei höherer Trinktemperatur serviert. Es gibt zwei Sorten von Ales: ein Mild Ale (leicht gehopft) und ein Pale Ale (stark gehopft).

PORTER: Porter ist eine Sorte Ale mit malzigem Geschmack, das durch Zugabe von Hopfen sehr bitter ist. Es wurde um 1720 entwickelt und Port genannt, weil es besonders bei den Lastenträgern (englisch *porter*) sehr beliebt war.

STOUT: Das Stout ist ein schweres, braunes, hopfenbitteres Bier mit einer ausgeprägten cremefarbenen Schaumkrone. Es wird aus besonders stark geröstetem Gerstenmalz gebraut und fast ausschließlich in englischsprachigen Ländern getrunken.

In England, Schottland und Irland wird in den Pubs pintweise ausgeschenkt, wobei ein Pint 0,568 l entspricht. Das Pint ist ein altes Raummaß, sowohl für Flüssigkeiten als auch für Trockenmasse. Umgangssprachlich wird das Wort Pint in Deutschland oft synonym zum Begriff »Kneipe« gebraucht.

Gin

– eine fast englische Geschichte

Die ältesten Quellen um 1600 berichten vom Wacholderschnaps namens Genever (oder Jenever) des legendären Arztes Franziskus de Bove (siehe der holländische Jenever). Englische Soldaten, die die Holländer im Holländisch-Spanischen Krieg unterstützten, brachten den Schnaps auf die britische Insel und nannten ihn Gin.
Ab 1769 produzierte die Gordon Company in Nordlondon einen dreifach gebrannten Gin. Zu dieser Zeit destillierte man in England viele rauhe, harte Brände mit wechselndem Alkoholgehalt unter der Bezeichnung Gin. 1791 regulierte der sogenannte Gin Act nicht nur Qualität und Herstellung, sondern brachte ihn auch in die Kreise der Upper Class. Zahlreiche Destillerien im Londoner Viertel Bloomsbury und im Vorort Finsbury arbeiteten an der Methode der Herstellung und an verschiedenen Gin-Rezepten.
Heute wird Gin meist aus Getreide oder Melasse gebrannt. Er erhält seinen charakteristischen Geschmack durch die Aromatisierung mit Gewürzen, vor allem Koriander und Wacholderbeeren. Weitere Bestandteile wechseln von Hersteller zu Hersteller, etwa Anis, Fenchel, Orange, Ingwer, Muskat oder Paradiesapfelkerne. Insgesamt gibt es ca. 120 verschiedene Aromen, die zur Ginherstellung benutzt werden. Der sogenannte »Old Tom«, ein aus dem 18. Jahrhundert stammender gesüßter Gin, eignet sich exzellent zum Mixen von Longdrinks (zum Beispiel Gin Tonic). In der Europäischen Union muß Gin mindestens einen Alkoholgehalt von 37,5 Vol.-% haben.

Das Juwel: »Bombay Sapphire London Dry Gin«

Bombay Sapphire ist ein Premium Gin, der nach einem Rezept aus dem Jahr 1761 hergestellt wird. Dabei wird ein mehrfach destillierter Kornfeinbrand mit mindestens zehn verschiedenen Kräutern und Gewürzen versetzt. Unter Verwendung des sogenannten Dampf-Infusionsverfahrens entsteht dieses wahre Juwel unter den Premium Gins. Er ist fast zu schade, um ihn als Cocktail zu trinken, wird jedoch gerne mit Tonic gemixt.

Gin Cooler

4 cl Gin
2 cl Zitronensaft
2 Barlöffel Läuterzucker
Auffüllen mit Ginger Ale
Garnitur:
Orangenschalenspirale,
Zitronenschale

Martini Cocktail

5 cl Dry Gin
1 cl Dry Vermouth
Garnitur: grüne Olive
Die Zutaten in einem Rührglas mit Eiswürfeln vermischen und in ein vorgekühltes Martiniglas abseihen. Eine grüne Olive ins Glas geben.

DANDELION AND BURDOCK

Dandelion and Burdock (Löwenzahn und Große Klette) ist eine traditionsreiche alkoholfreie Getränkespezialität aus Großbritannien. Sie wurde im 19. Jahrhundert durch die Abstinenzler-Bewegung kreiert, um das übermäßige Trinken bei den Arbeitern im Norden Englands zu bekämpfen (ohne Erfolg…). Ursprünglich wurde sie aus gegorenen Wurzelextrakten beider Pflanzen hergestellt.
Heute ist das dunkelbraune Getränk, das in vielen britischen Supermärkten zu kaufen ist, ein Produkt aus Wasser, viel Zucker, Farb- und Aromastoffen. Der Geschmack erinnert ein wenig an Lakritze.

TY NANT, EIN EXKLUSIVES WASSER

Die Quelle dieses Mineralwassers aus Wales wurde erst 1976 entdeckt; seit 1989 kommt es unter dem Namen Ty Nant Quellwasser auf den Markt. Dieses Wasser bohrte sich durch eine etwa 30 Meter dicke Felsschicht und wird daher von vielen als »reinstes Wasser« bezeichnet. Es ist mit oder ohne Kohlensäure erhältlich.

ZUTATEN

1 kg Ochsenschwanz, in mittelgroße Stücke geschnitten
3 Karotten
½ Sellerieknolle
2 Stangen Lauch
1 Petersilienwurzel
3–4 Lorbeerblätter
3–4 Wacholderbeeren
Meersalz
schwarzer Pfeffer aus der Mühle
250 ml Portwein
3 Eiweiß, steif geschlagen, zur Klärung der Brühe

Gemüse für Einlage

1 große Karotte, geschält, in feine Julienne geschnitten
1 Stange Lauch (nur das Weiße), in feine Julienne geschnitten
¼ Sellerieknolle, geschält, in feine Julienne geschnitten

KLARE OXTAIL SOUP MIT GEMÜSEJULIENNE

ZUBEREITUNG

Den Ochsenschwanz in 3 l kaltem Wasser mit dem geputzten Wurzelgemüse und den Gewürzen sowie Salz und Pfeffer aufsetzen, ca. 3 Stunden leicht köcheln (simmen) lassen, bis das Fleisch sich leicht vom Knochen lösen läßt.

Ochsenschwanz herausnehmen, abkühlen lassen, vom Knochen lösen und in kleine Würfel schneiden.

Gemüse herausnehmen, es wird nicht mehr benötigt.

Zur Klärung der Suppe das geschlagene Eiweiß in die Brühe geben, einmal aufkochen lassen, die Brühe noch heiß durch Filtertüten gießen. Eventuell den Vorgang wiederholen, da sich Filtertüten schnell zersetzen.

Ist die Klärung beendet, sollte man eine goldfarbene, klare, wunderbare Brühe haben. Diese nun mit Salz, Pfeffer und dem Portwein nochmals abschmecken.

Das Fleisch und das blanchierte und in Eiswasser abgeschreckte Einlagengemüse ca. 10 Minuten vor dem Servieren in der heißen Suppe ziehen lassen. Möglichst in weißem Geschirr auftragen, da so die schöne Farbe besonders gut zur Geltung kommt.

ZUTATEN

14–16 Wachteleier
500 g Hähnchenfleisch, durch die feine Scheibe des Fleischwolfs gedreht
1 Bund Schnittlauch, fein gehackt
Ingwer, fein gehackt
50 g Dijonsenf
Meersalz
schwarzer Pfeffer aus der Mühle

Panade

50 g Mehl
2 Eier, verquirlt
250 g Semmelbrösel
2 l Sonnenblumenöl zum Ausbacken

GEBACKENE WACHTELEIER

ZUBEREITUNG

Eier in einen mittelgroßen Topf legen und mit Salzwasser bedecken. Vorsichtig umrühren, bis das Wasser kocht, dadurch werden die Eigelbe zentriert. Nun 5 Minuten köcheln lassen. Herausnehmen und in kaltem Wasser abkühlen.

Hähnchenfleisch, Ingwer, Schnittlauch, Senf, Meersalz und schwarzen Pfeffer zu einer Masse verrühren.

Eier schälen und in Mehl rollen, mit feuchten Händen je ein Ei mit Hühnermasse umhüllen, in verquirltes Ei geben und in Semmelbröseln wälzen, Brösel vorsichtig fest andrücken. Wachteleier kann man bis zu 4 Stunden im voraus zubereiten und abgedeckt im Kühlschrank aufbewahren.

Kurz vor dem Servieren Öl in einem Topf erhitzen und die Eier darin frittieren, bis sie goldbraun sind. Auf Küchenkrepp abtropfen lassen, heiß mit Limonenspalten und Salat servieren.

ZUTATEN

Roastbeef

2 kg Roastbeef, überflüssiges Fett und Sehnen entfernen
Meersalz
schwarzer Pfeffer aus der Mühle
2 Bund Thymian
2 Bund Rosmarin
4 Zwiebeln, geschält und grob geviertelt
250 ml Rinderbrühe

Yorkshire Pudding

250 g Mehl
4 Eier
200 ml Milch
Butterschmalz
Salz

ROASTBEEF MIT YORKSHIRE PUDDING GEMÜSE, GRAVY

ZUBEREITUNG

Roastbeef

Das Roastbeef salzen und pfeffern, in sehr heißem Öl rundherum ca. 5 Minuten scharf anbraten, in eine feuerfeste Form legen und bei 200° C im vorgeheizten Backrohr je nach Dicke des Fleisches ca. 30–40 Minuten braten.
Nach der Hälfte der Bratzeit die Zwiebeln sowie den Thymian und den Rosmarin in die Bratform geben und mitschmoren lassen.
Roastbeef nach Ende der Garzeit herausnehmen, mit Alufolie bedecken und ca. 10 Minuten ruhen lassen.
Bratform mit Zwiebeln und Gewürzen mit etwas Rinderbrühe ablöschen, zur Sauce (Gravy) einkochen lassen und abseihen.

Yorkshire Pudding

Mehl und Salz in eine Schüssel geben, in die Mitte eine Mulde drücken, Eier in die Mulde schlagen, das Mehl langsam mit den Eiern verrühren, Milch nach und nach zugeben und zu einem glatten Teig verrühren.
Nochmals 10 Minuten schlagen, bis der Teig Blasen bildet.
Teig zugedeckt noch ca. ½ Stunde im Kühlschrank ruhen lassen.
Je einen halben Teelöffel Butterschmalz in kleine feuerfeste Förmchen geben und diese im vorgeheizten Ofen bei ca. 200° C stark erhitzen.
Die heißen Formen nun zu einem Drittel mit Teig befüllen und bei 180° C ca. 20 Minuten die Yorkshire Puddings fertig backen.

Gemüse

Dazu reichen wir in Butter sautierte Erbsen, Karotten oder grüne Bohnen.

SMØRREBRØD
SMØRREBRØD
ER UDSOLGT

Nu må I spise!

Zu den erfreulichsten Eigenschaften der Dänen gehört, daß sie verfressen sind. Man kann es beim besten Willen nicht anders ausdrücken, höchstens auf dänisch, in der nuancenreichen und geheimnisvoll artikulierten Sprache der Einheimischen, die nicht ganz zu Unrecht auf ihren subtilen Humor Wert legen.

Als es auf dem Kontinent noch karger zuging, nahm manch einer die Fähre von Großenbrode nach Gedser, einzig und allein des märchenhaften Buffets wegen, das dort den Passagier erwartete. Liebevoll angerichtet die Hummermayonnaise, die Hering-, Curry-, Waldorf- und wer weiß was für unbekannte Salate, mit äußerst nahrhaften Saucen und Remouladen, die nach Meerrettich, Senf oder Kräutern schmeckten.

Wer sich nun bei der Ankunft in einem Schlaraffenland wähnt, ist natürlich leicht zu enttäuschen. So weit ist es auf dem Lande mit der Phantasie nicht her, nur mangeln darf es an gar nichts. Man greift großzügig hin und spült das Ganze mit ein paar Gläsern Aquavit und einem großen Tuborg hinunter. Auch das Tivoli ist nicht mehr, was es einmal war: eine Zauberinsel mitten in der Großstadt Kopenhagen. Übrigens stellen sich dem Neuankömmling so manche Rätselfragen. Warum heißt ein schlichter Kartoffelbrei mit Speck und Zwiebeln »Brennende Liebe«? Wie kommt es, daß sich eine süße Gewohnheit aus Blätterteig *wienerbrød* nennt, obwohl es gar kein Brot ist und obwohl es in Wien kein Wienerbrot gibt? Ist es nicht schwer zu verwinden, daß man am Mittag sich zur *frukost* an den Tisch setzt, am Abend hingegen zu *middag* speist?

Ganz andere Fragen gilt es in den erfreulichsten Etablissements der Hauptstadt zu beantworten. Dort herrscht die Kalte Mamsell. Im berühmtesten dieser Lokale, bei Ida Davidsen an der Store Kongensgade, gibt es nichts anderes als *smørrebrød*, also Butterbrote. Aber davon rund zweihundert verschiedene Sorten! Und in welcher Fülle! Roastbeef, Aal, Garnelen, Leber-, Wild-, Geflügelpastete, Eier, Schinken, Gänsebrust, Dorschkaviar, alles üppig mit Mayonnaise garniert, und sogar ein kleines Steak *à la minute*... Und damit nicht genug, denn auch unter den dünngeschnittenen Scheiben, die all das zu tragen haben, kann der Gast zwischen Grau-, Schwarz-, Weiß- und Vollkornbrot wählen. Am besten nimmt man die ellenlange Karte zur Hand und kreuzt an, was einem gefällt. Wer da an Diät denkt, hat schon verloren.

Spinat-Lachs-Torte

Gefüllte Kohlrabi mit Fischnocken
und Shrimps

Dänische Frikadellen mit Karamelkartoffeln

Rote Grütze mit flüssiger Sahne

Gammel Dansk

ZUTATEN

200 g Butter
4 Eier
150 g Mehl
250 g Magerquark,
durch ein Sieb gestrichen
50 ml süße Sahne
65 g Lachsersatz, abgetropft
und grob gehackt
Meersalz
schwarzer Pfeffer
Muskat
500 g frischer Spinat, blanchiert
und abgeschreckt, grob gehackt
20 g Käse, gerieben

SPINAT-LACHS-TORTE

ZUBEREITUNG

150 g Butter schaumig rühren, Eier langsam zugeben, Mehl einrühren, Magerquark und Sahne ebenfalls zur Masse geben. Nun grob gehackten Lachs und mit Meersalz, Pfeffer und Muskat gewürzten Spinat zufügen, alles gut durchmischen, die Masse in eine gefettete feuerfeste Form einfüllen.
Butterflöckchen darauf setzen, mit Käse bestreuen und im vorgeheizten Backofen bei 180° C 50–60 Minuten backen. Lauwarm servieren.

ZUTATEN

8 Kohlrabi, geschält
100 g Dorschfilet
25 g Mehl
125 ml Milch
1 Eigelb
Meersalz
schwarzer Pfeffer
aus der Mühle
Prise Muskat

Sauce

40 g Butter
30 g Mehl
250 ml Milch
250 ml Sahne
250 g Eismeer-Shrimps
1 Bund Dill, fein gehackt

GEFÜLLTE KOHLRABI MIT FISCHNOCKEN UND SHRIMPS

ZUBEREITUNG

Kohlrabi in Salzwasser 15 Minuten kochen. Herausnehmen, abkühlen lassen. Dann einen Deckel abschneiden und die Kohlrabi mit einem Teelöffel vorsichtig aushöhlen.
Das Fischfilet durch den Fleischwolf drehen und mit Mehl, Eigelb, Milch, Salz, Pfeffer und Muskat verrühren. Von der Masse mit einem Eßlöffel Nocken abstechen und in kochendem Salzwasser 15 Minuten ziehen lassen. Fischnocken herausnehmen, etwas abkühlen lassen und in Scheiben schneiden.
Für die Sauce Butter schmelzen, Mehl einrühren und nach und nach die Milch zugießen. Sahne, Shrimps, Fischnocken und gehackten Dill zugeben und die Sauce eindicken lassen.
Kohlrabi mit der Mischung füllen, in eine feuerfeste Form setzen, mit der restlichen Sauce übergießen und im vorgeheizten Backofen auf mittlerer Schiene bei 180–200° C ca. 30 Minuten überbacken.
Heiß servieren.

ZUTATEN

Dänische Frikadellen

750 g Hackfleisch, gemischt
350 ml Mineralwasser
2 Zwiebeln, geschält
und fein gehackt
2 Eier
60 g Mehl
Meersalz
schwarzer Pfeffer aus der Mühle
etwas Sonnenblumenöl

Karamelkartoffeln

1 kg kleine festkochende Kartoffeln,
gekocht und geschält
1 Prise Salz
100 g Butterschmalz
50 g Zucker

DÄNISCHE FRIKADELLEN MIT KARAMELKARTOFFELN

ZUBEREITUNG

Dänische Frikadellen

Öl in eine Pfanne geben und die Zwiebeln darin goldbraun anbraten. Hackfleisch in einer Schüssel mit Mehl vermischen, nach und nach Mineralwasser unterrühren, bis die Mischung leicht und schaumig ist.
Ei, Zwiebeln, Salz und Pfeffer dazugeben, gut vermengen.
Die Masse 15 Minuten ruhen lassen.
Anschließend aus dem Teig kleine Frikadellen formen und in heißem Öl von beiden Seiten je ca. 5 Minuten ausbraten.
Mit Karamelkartoffeln servieren.

Karamelkartoffeln

Das Butterschmalz erhitzen. Kartoffeln darin bei mittlerer Hitze rundherum anbraten, mit Salz würzen. Zucker über die Kartoffeln streuen und unter gelegentlichem Rühren etwa 5 Minuten karamelisieren lassen.

ZUTATEN

500 ml roter Traubensaft
300 g Himbeeren, frisch oder tiefgekühlt
300 g Brombeeren oder gemischte
rote Beeren, frisch oder tiefgekühlt
100 g Zucker
80 g Speisestärke
125 ml süße Sahne

ROTE GRÜTZE MIT FLÜSSIGER SAHNE

ZUBEREITUNG

Traubensaft zum Kochen bringen, Himbeeren und Brombeeren hinzufügen und 5 Minuten köcheln lassen. Zucker dazugeben, Speisestärke mit etwas Wasser glatt rühren und die kochende Grütze damit andicken. Einmal aufkochen lassen.
Rote Grütze in mit Wasser ausgespülte Gläser füllen und einige Stunden kalt stellen. Mit ungeschlagener süßer Sahne servieren.

Gammel Dansk

Gammel Dansk ist ein dänischer Magenbitter. Der Name leitet sich vom dänischen *gammel* (alt) und *dansk* (Dänisch) ab, bedeutet also soviel wie der alte Dänische. Der Bitter wird aus über 20 verschiedenen Kräutern und Gewürzen hergestellt, darunter Wermut und Ingwer, die ihm den typischen Geschmack verleihen. *Gammel Dansk* enthält weniger Zucker als deutsche Kräuterliköre und zeigt ein besonders bitteres Aroma.
Gammel Dansk stammt ursprünglich von der Insel Sjælland (Seeland), wird aber heutzutage in ganz Dänemark hergestellt. Wegen seiner verdauungsanregenden Wirkung wird *Gammel Dansk* besonders zu den Mahlzeiten getrunken, nicht zuletzt zu Weihnachten, zur *Julefrokost*.

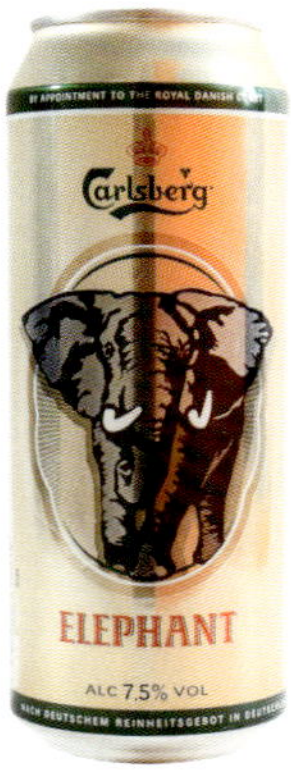

Biere

CARLSBERG

Die Hausmarke Carlsberg, ein dänisches Bier nach Pilsener Brauart, ist Marktführer in Dänemark und eine der weltweit am weitesten verbreiteten Biermarken. Die Brauerei wurde bereits 1847 gegründet.
Der grüne Schriftzug mit der stilisierten Hopfendolde und der englische Slogan *Probably the best beer in the world* (*wahrscheinlich das beste Bier der Welt*), der übrigens in der ursprünglichen Reklame von Orson Welles gesprochen wurde, sind seit den siebziger Jahren weitgehend unverändert.

TUBORG

Die Marke Tuborg wurde 1880 in Kopenhagen gegründet und ist in Deutschland noch weiter verbreitet als Carlsberg. International bekannt ist *det grønne* (*das Grüne*, wegen seines grünen Etiketts) durch seine Reklame geworden: Das Reklameschild *den tørstige mand* (*der durstige Mann*) des Malers Erik Henningsen (1855–1930) zeigt einen schwitzenden Wanderer, der sich nach einer Erfrischung sehnt. Es gilt als eines der wichtigsten dänischen Kunstwerke des 20. Jahrhunderts.

WEIHNACHTSBIER – JULEBRYG

Am ersten Freitag im November wird in Kopenhagen das Weihnachtsbier präsentiert, das *Julebryg* (wörtlich *Weihnachtsbräu*). Es ist ein dunkles, untergäriges Pils mit einem Alkoholgehalt von 5,6 Vol.-%. Seinen runden, leicht lieblichen Geschmack erhält das Bier durch verschiedene Malzsorten und vor allem eine Beigabe an englischem Lakritz.

SMØRREBRØD

Smørrebrød ist eine Schnitte Roggenbrot, die mit Butter oder Schmalz bestrichen und mit verschiedenen Köstlichkeiten belegt ist.

Hier einige Variationen:

- Krabben mit Rührei, Schnittlauch und Kopfsalat
- Bücklingfilet mit Rührei, Gurkenscheiben und Dill
- Geräucherter Aal mit Rührei und Feldsalat
- Gebratene Schollenfiletstreifen, Kopfsalat, Remouladensauce
- Krabben auf Avocadoscheiben, Cocktailsauce
- Graved Lachs mit Senf-Honig-Sauce
- Räucherlachs-Tatar mit Kresse und Kapern
- Marinierte Heringe, rote Zwiebelringe, Kopfsalat
- Anchovis mit gehacktem Ei und Zwiebeln
- Heringssalat mit Melone und Trauben
- Sautierte Champignons mit gebratenen Speckstreifen
- Angemachtes Tatar mit Gurken, Zwiebeln und Rote Bete
- Dünne Schweinebratenscheiben mit Äpfeln und Backpflaumen
- Roher Schinken mit pochiertem Ei, Senf und Schnittlauch

Zwei Klassiker

ABENDESSEN DES TIERARZTES:
Roggenbrot, Schweineschmalz, gekochtes Fleisch, Leberpastete und Zwiebelringe

SONNE ÜBER GUDHJEM:
Schwarzbrot, geräucherter Hering, Zwiebelringe, Radieschen, Schnittlauch und roher Eidotter

Zum Smørrebrød trinkt man traditionell Bier und Gammel Dansk.

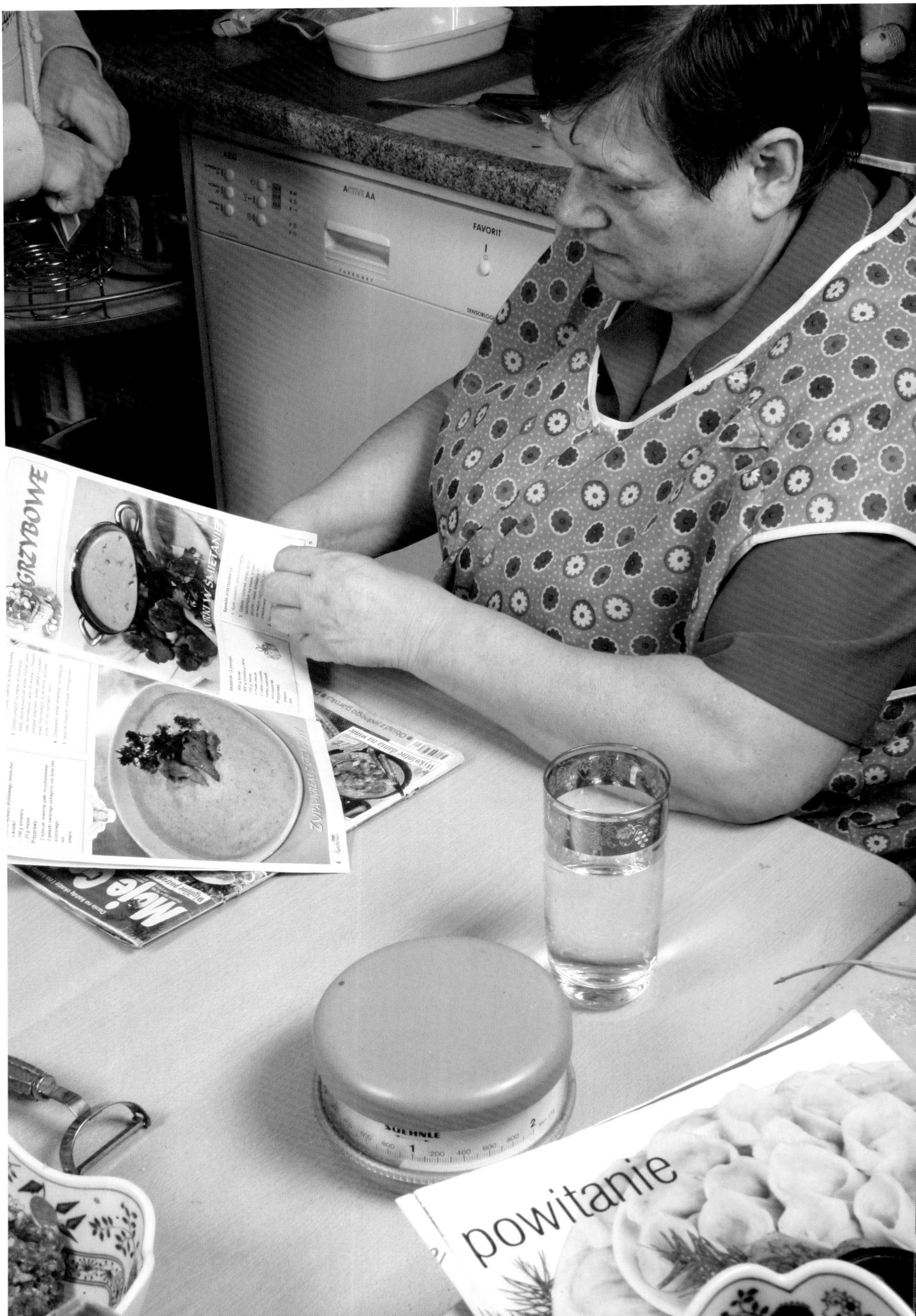
FAVORIT
GRZYBOWE
powitanie

Smacznego!

An der polnischen Landwirtschaft haben sich die Kommunisten die Zähne ausgebissen. Sie mußten ihre Kollektivierungspläne schleunigst an den Nagel hängen. Die Herrschaft über den Kochtopf ließen die Polen sich nicht nehmen. Ein hoher Grad von Selbstversorgung war die Regel, und auch heute noch wird eingemacht, was der Garten hergibt; da mögen die Sonderangebote im Supermarkt noch so billig sein. Überhaupt hört beim Essen der Spaß auf. Jedesmal, wenn es mit der Fleischversorgung haperte, gingen die Arbeiter auf die Straße, und die Miliz mußte das Feld räumen.

Leider war ich noch nie am Heiligen Abend in Polen. Man sagt aber, es sei dort guter katholischer Brauch, zwölf Speisen auf den Tisch zu bringen, eine für jeden Apostel, alle fleischlos, also diesmal kein *bigos*, der sonst unvermeidlich ist: Kraut, Wurst, Fleisch, Pilze, ein einziger Mantsch – die Polen sind ein mykophiles Volk, will heißen, sie kennen sich mit Pilzen, aber auch mit anderen Waldfrüchten aus. Nur ein fetter Karpfen kann an Weihnachten nicht schaden. Ein Stuhl, sagt man, muß an diesem besonderen Abend immer frei bleiben, vermutlich für Jesus.

Sonst genügt auch eine Tasse *barszcz* (keine Angst vor dem *szcz*, »*schtsch*« tut es auch), dazu ein Pastetchen hier und ein Pfannkuchen dort. Oder eine Pilz-, Kuttel-, Sauerkraut-, Krebs-, Graupen- oder saure Mehlsuppe, und danach ein paar *pierogi*, Maultaschen, in denen sich alles mögliche verbergen kann. Und zwischendrin immer mal ein Glas Tee.

Achtzig Liter Bier schafft jedes statistische Landeskind mühelos im Jahr, und auch sein Wodkakonsum kann sich sehen lassen: Żubrówka oder Wyborowa sind sehr zu empfehlen, aber auch Chopin war Pole und hat sich als Ruhmesblatt ein Schnapsetikett verdient. Mit Kleinigkeiten gibt man sich dabei nicht ab: die korrekte Bestellung lautet: *sto gram*, ein zehntel Liter; unter dem tut es der tapfere Pole nicht.

Gdansker Bürgerin

Rote-Bete-Suppe mit Öhrchen

Zanderfilet in Rosinen-Stachelbeer-Sauce

Gebratene Ente mit Buchweizenfüllung
Sauerkraut-Karotten-Salat

Gebackener Apfelschaum

Wodka

Biere

Das Lieblingsgetränk der Polen ist Bier. Da der Bierkonsum in Polen stark angestiegen ist, haben die einheimischen Brauereien kaum Kapazitäten, um ins Ausland zu exportieren. Aus diesem Grund findet man kaum polnische Biere auf hiesigen Märkten (über Internethandel kann man aber bestellen).
Die bedeutendsten Marken sind: *Żywiec, Okocim, EB* und *Tyskie*. Der Alkoholgehalt der polnischen Biere liegt bei 5,8 Vol.-%.
Daneben gibt es noch einige Spezialbiere wie das hervorragende *Piwo mocne*, ein bernsteinfarbenes würziges Starkbier von den Brauereien *Okocim, Dębowa* und *Tatra*. Dieses Bier sollte man sich auf keinen Fall entgehen lassen. Zu erwähnen ist auch ein dunkles Porter mit 8,5 Vol.-% Alkoholgehalt, das von verschiedenen Brauereien angeboten wird.
In Polen trinkt man auch gerne Bier mit einem Schuß Sirup und einem Strohhalm, das sogenannte Damenbier.

Immer größerer Beliebtheit erfreuen sich die vielen Mineralwässer aus den südlichen Kurorten Polens. Die Kurorte in den Sudeten verfügen über einen außergewöhnlichen Reichtum an Mineralquellen.

Wodka
– das frühere Nationalgetränk

Über Polens Grenzen hinaus sind wohl der *Wyborowa* und der mit Büffelgras versetzte *Żubrówka* die berühmtesten Wodkas. In Polen gibt es aber auch nach wie vor eine Riesenauswahl von Sorten; die beliebteste ist wohl *Dębowa*.
Daneben gibt es auch den Kräuterwodka *Żołądkowa Gorzka, Pieprzówka Wodka* mit weißem Pfeffer oder *Tarniowka Wodka*, mit Schlehen aromatisiert.
Eine Spezialität ist der Wodkalikör *Krupnik* 38 Vol.-%. Nicht so stark, aber sehr süffig ist *Miód pitny*, zu deutsch »Flüssiger Honig«. Man kann ihn heiß mit Zimt und Nelken oder eiskalt mit Eiswürfeln und Zitrone trinken.

Danziger Goldwasser

Aus der alten, freien und Hansestadt Danzig stammt eine Spirituose, die schon vor 400 Jahren den Namen Goldwasser trug. Damals wie heute enthält »Der Lachs – Original Danziger Goldwasser« reines 22-karätiges Blattgold.

Bei Goldwasser handelt es sich um einen besonders hochwertigen Gewürzlikör, der nach einem Geheimrezept aus rein pflanzlichen Zutaten, wie z. B. Anis, Kardamom, Kurkuma, Orangenblüten, Lavendel, Rosenholz, Zimt, Zitronen, Pomeranzenextrakt und Safran, um nur einige der rund 40 bekannten Stoffe zu nennen, hergestellt wird.

Der aus Holland zugewanderte Ambrosius Vermöllen gründete um 1600 eine Likörfabrik, die ab 1704 in der Danziger Breitgasse ansässig war. Das Haus, in dem die Vermöllensche Brennerei einzog, hatte als Schild einen Lachs und hieß deshalb »Lachs-Haus« oder »Der Lachs«. Der Name ist geblieben.

Goldwasser findet man heute noch in Danzig, das »Original Danziger Goldwasser – Der Lachs« allerdings wird nicht mehr in Danzig, sondern von der Gräflich von Hardenberg-schen Kornbrennerei in Nörten-Hardenberg hergestellt und vertrieben.

Cocktail Gdansker Bürgerin

Pro Person

200 ml Met

50 ml Goldwasser

100 ml Orangensaft

Alle Zutaten vermischen und auf Eiswürfeln servieren.

ZUTATEN

Rote-Bete-Suppe

500 g Rote Bete, geschält
und fein geraspelt
50 ml Apfelessig
Saft einer halben Zitrone
1 Knoblauchzehe, fein gehackt
2 Bund Schnittlauch, fein geschnitten
Zucker
Meersalz
schwarzer Pfeffer aus der Mühle
500 ml kräftige Rinderbrühe

Öhrchen

300 g Mehl
2 Eier
1 Zwiebel, fein gehackt
200 g Hackfleisch, gemischt
50 g Butter
50 g Paniermehl
Meersalz
schwarzer Pfeffer aus der Mühle

ROTE-BETE-SUPPE MIT ÖHRCHEN

ZUBEREITUNG

Rote-Bete-Suppe

Rote Bete mit ¾ l Wasser aufkochen und 15 Minuten simmen lassen, mit Essig und Salz abschmecken. Die Rote-Bete-Brühe durch ein Sieb abseihen, die Gemüseraspeln dabei ausdrücken.
Rote-Bete-Brühe zusammen mit Rinderbrühe aufkochen. Mit Zitronensaft, Pfeffer und Zucker nochmals abschmecken und Öhrchen dazugeben.
Mit fein gehacktem Knoblauch und feinen Schnittlauchringen bestreuen und heiß servieren.

Öhrchen

Mehl, Ei, Salz und einige Tropfen Wasser zu einem geschmeidigen Teig kneten, diesen möglichst dünn ausrollen und in kleine Quadrate (4 x 4 cm) schneiden.
Die Zwiebel in Butter rösten, das Hackfleisch mit der Zwiebel und dem Paniermehl mischen, mit Salz und Pfeffer abschmecken.
Die Quadrate mit etwas Füllung in der Mitte belegen, je zwei Ecken diagonal übereinanderklappen und fest zusammendrücken. Zu »Ohren« formen und in reichlich kochendes Salzwasser geben. Wenn die Öhrchen oben schwimmen, sind sie fertig.

ZUTATEN

6–8 Zanderfilets, je ca. 100 g
200 g Stachelbeeren, geviertelt
80 g Rosinen, eingeweicht und ausgedrückt
500 ml Weißwein, trocken
125 ml Sahne
Saft einer halben Zitrone
100 g Butter
30 g Mehl
1 Prise Muskatnuß
Zucker
Meersalz
schwarzer Pfeffer aus der Mühle

ZANDERFILET IN ROSINEN-STACHELBEER-SAUCE

ZUBEREITUNG

Die Zanderfilets in etwas Weißwein ca. 5 Minuten leicht dünsten und beiseite stellen. Aus Butter und Mehl eine Mehlschwitze herstellen, mit dem restlichen Weißwein und dem Zanderfond aufgießen.
Zu diesem nun die Rosinen und Stachelbeeren zufügen, mit Meersalz, Zucker, Muskatnuß und schwarzem Pfeffer abschmecken. Dann die Zanderfilets wieder hineingeben und ca. 5 Minuten einköcheln lassen. Nun mit Zitronensaft und etwas Sahne verfeinern, heiß servieren.

ZUTATEN

Ente mit Buchweizenfüllung

2 Enten à 2 kg
100 g Entenleber, fein gehackt
300 g Buchweizen
2 Zwiebeln, fein gehackt
1 Karotte, fein gehackt
1 Lauchstange, fein geschnitten
50 g getrocknete Pilze
½ l Fleisch- oder Entenbrühe
2 Eier
30 g Butter
1 Bund Petersilie, fein gehackt
2 Bund Majoran, fein gehackt
Meersalz
schwarzer Pfeffer aus der Mühle

Sauerkraut-Karotten-Salat

500 g Sauerkraut (unter fließendem Wasser abwaschen)
150 g säuerliche Äpfel, in feine Würfel geschnitten
2 mittelgroße Karotten, geschält und fein geraspelt
Mit Kümmel, Salz, Zucker und Sonnenblumenöl abschmecken.

GEBRATENE ENTE MIT BUCHWEIZENFÜLLUNG SAUERKRAUT-KAROTTEN-SALAT

ZUBEREITUNG

Die Enten mit Salz und Majoran einreiben und eine Stunde ziehen lassen. Pilze in 1 l Wasser 10 Minuten köcheln, dann das Gemüse beifügen und weitere 10 Minuten ziehen lassen.

Die Brühe durchseihen, über den Buchweizen gießen und diesen bei schwacher Hitze ca. 5 Minuten quellen lassen, beiseite stellen und abkühlen.

Die Eier trennen, das Eiweiß schaumig schlagen, die Zwiebeln in der Butter glasig dünsten. Pilze, Gemüse und fein gehackte Leber dazugeben und zu einer Masse verrühren. Abkühlen lassen. Nun Eigelb und Petersilie einarbeiten, den Eischnee unterziehen. Diese Masse mit der abgekühlten Buchweizengrütze mischen, mit Salz, frischem Majoran und schwarzem Pfeffer abschmecken. Die Ente damit füllen und mit Küchengarn zunähen.

Etwas Butter im Bräter zerlassen, die Ente hineingeben und im vorgeheizten Ofenrohr bei 180° C ca. 2 ½–3 Stunden knusprig braten, dabei regelmäßig mit etwas Brühe begießen und mit Bratfett bepinseln.

Das Garn entfernen und auf einer Platte servieren. Die klassische Beilage in Polen ist Sauerkraut-Karotten-Salat.

ZUTATEN

7 saure Äpfel,
davon 2 fein gerieben,
5 grob geraspelt
4 Eier, getrennt
50 g Zucker
100 ml saure Sahne
80 g Mehl
½ TL Zimt
etwas zerlassene Butter zum
Auspinseln der Backform

GEBACKENER APFELSCHAUM

ZUBEREITUNG

Eigelb, fein geriebene Äpfel, Zucker, saure Sahne, Zimt und Mehl zu einer Masse verrühren.

Eiweiß steif schlagen und vorsichtig mit den grob geraspelten Äpfeln vermengen. Beide Massen nun miteinander vermischen und in eine mit Butter ausgepinselte Kuchenform geben.

Im vorgeheizten Ofenrohr bei 160° C 30–40 Minuten backen.

¡Que aprovechen!

Wie reich sie geworden sind, die Spanier, wie liberal, wie weltoffen! Wem würde es heute noch einfallen zu behaupten, gleich hinter den Pyrenäen liege Afrika? Das war schon vor fünfzig Jahren weiter nichts als ein abgedroschenes Klischee. Und doch war Spanien damals, zu Francos Zeiten, ein ärmliches Land, Madrid eine öde Beamtenstadt, und im Süden konnte sich kaum eine junge Frau ohne Begleitung auf die Straße oder in ein Restaurant wagen. Auf dem Land und in den Industriestädten war Schmalhans der amtierende Küchenchef.

Gelobt also sei die berühmte *transición*, die spanische Wende – mit all ihren Vergeßlichkeiten, Widersprüchen und Hauskrächen! Zu den letzteren gehört vor allem der chronische Familienstreit der Regionen. Zwar ist Spanien schon immer ein Vielvölkerstaat gewesen, ein Patchwork aus Kastilien und Asturien, Katalonien und Galicien, Andalusien und dem Baskenland – ganz zu schweigen von den Mauren, den Juden und den Zigeunern, die aus der spanischen Geschichte nicht wegzudenken sind. Selbst die Diktatur hat vergebens versucht, diese Völkerschaften in einen Topf zu werfen und in ein nationales Püree zu verwandeln. Heute genügt den Bewohnern des Landes nicht einmal mehr ihre gemeinsame Sprache. Ja, das ist ärgerlich, und wenn es so weitergeht, wird der Tourist eines Tages ein paar Spezialwörterbücher im Koffer haben müssen.

Aber er kann sich damit trösten, daß auch die spanische Tafel, samt ihrem phantastischen Weinkeller, reich an Idiomen und Dialekten ist. Man braucht nur die betonierten Küsten des Landes zu verlassen, und schon erheben ein Dutzend kulinarische Provinzen ihr stolzes Haupt. Zum Glück schmeckt vieles anders in Barcelona als in Cádiz, in Santiago anders als in Rondo, und in San Sebastián hat nicht einmal der Terror die besten Fischrestaurants Europas ruinieren können. Der friedlichste Wettstreit im spanischen Babel, so scheint es, wird in den Küchen ausgetragen.

Cava Grand Reserva

Andalusische Gazpacho

Gebratene Kalbsnieren-Serrano-Spießchen
Sherry-Sauce

Paella mit Hummerkrabben und Huhn

Torta Imperial de Queso

D.O. Ribera del Duero

Aus der Weinregion im Herzen Altkastiliens kommen schwere Rotweine von außergewöhnlicher Beschaffenheit, die zu mindestens drei Vierteln aus der *Tinta-del-Pais-(Tempranillo-)* Traube gewonnen werden. Diese Rotweine weisen die Farbe, Struktur, Sauberkeit und Altersfähigkeit großer Bordeaux auf. Der »Vega Sicilia« bildet nach zehnjähriger Faßreife die Krönung der *Ribera del Duero.*

D.O. Rueda, der neue spanische Weißwein

Rueda-Superior-Weine werden zu mindestens drei Vierteln aus der neuen *Verdejo-*Traube gewonnen. Die Stärken dieses neuen Weines liegen eindeutig in seinen blumigen, zartbitteren Tönen und in seinem mit viel Würze ausgestatteten Bouquet. Eine herausragende Eigenschaft dieser neuen Sorte ist ihr hoher Extraktwert; die kräftigen Schlieren im Glas sind keine Zeichen von zu hohem Alkoholgehalt, sondern versprechen Dichte und Qualität.

Cava, der Champagner Spaniens

Seit dem Jahre 1872 wird der Cava aus den drei gleichen katalanischen Rebsorten gekeltert. *Xarel-lo* gibt Charakter, Aroma und Körper, *Macabeo* die Weichheit, Frische und Frucht, die *Parellada* dient als Vermittlerin, sie gleicht die Gegensätze und den Alkoholgehalt aus, sie schenkt dem Cava Feingliedrigkeit und Eleganz.
Der Cava muß nach der traditionellen Methode der Flaschengärung hergestellt werden, die im Prinzip der Champagnerherstellung gleicht. Der Unterschied zum Champagner liegt einzig und allein in der Auswahl der Trauben und nicht in der Technik. Nach der Flaschengärung wird der Cava mindestens neun Monate auf Hefe gelagert und erhält danach seine spezielle Dosage, die über den Typ sowie den Zuckergehalt entscheidet. Es gibt sieben verschiedene Cava-Typen: Brut Nature (ohne Dosage), Extra Brut, Brut, Extra Seco, Seco, Semiseco und Dulce. Die Bezeichnung Grand Reserva bezieht sich auf die Reifezeit (mindestens 30 Monate auf Hefe).
Ein typischer Cava sollte harmonisch-weich, frisch-fruchtig und leicht schmecken. Für Cava gibt es eine wichtige Regel: Ist er erst einmal auf dem Markt, muß er möglichst bald getrunken werden, denn ein Cava verläßt den Keller, wenn er trinkreif ist.

ZUTATEN

1 große Salatgurke, geschält, entkernt und fein gehackt
1 große rote Paprikaschote, von Stiel und Samenstand befreit, fein gehackt
1 große Zwiebel, fein gehackt
500 g Tomaten, geschält und fein gehackt
2 Knoblauchzehen, fein gehackt
500 ml Mineralwasser
100 ml Olivenöl extra vergine
Rotweinessig nach Geschmack
Meersalz
schwarzer Pfeffer aus der Mühle
1 Prise Zucker
geröstete Croutons von 5 Scheiben Toast

ANDALUSISCHE GAZPACHO

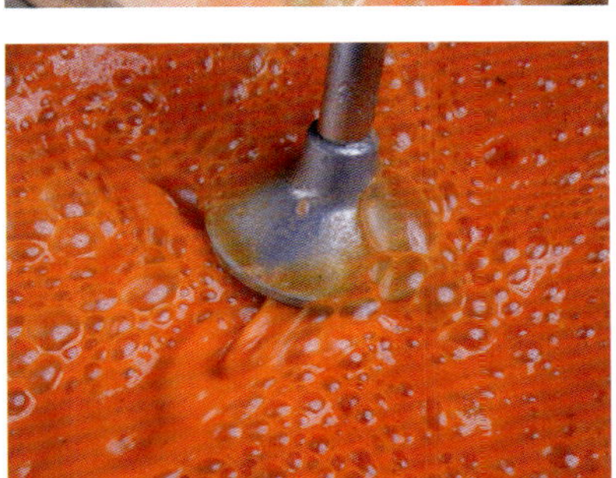

ZUBEREITUNG

In eine Schüssel Tomaten, Knoblauch sowie die Hälfte der Gurke, Zwiebel und Paprikaschote geben, Wasser, Essig und einen Schuß Olivenöl hinzufügen und mit dem Mixer fein pürieren, mit Meersalz, schwarzem Pfeffer und einer Prise Zucker abschmecken.
Das restliche Olivenöl mit einem Schneebesen in dieses Gemüsepüree einrühren.
Die Schüssel bedecken und mindestens zwei Stunden in den Kühlschrank stellen. Kurz vor dem Anrichten der Suppe noch einmal kurz aufrühren, um die gewünschte Konsistenz zu erzielen. Das verbliebene Gemüse fein hacken, die Gazpacho in gekühlten Schalen mit den gerösteten Croutons und dem fein gehackten Gemüse anrichten, etwas schwarzen Pfeffer zugeben.

ZUTATEN

600 g Kalbsnierenstücke, ohne Fett,
in 2 cm große Würfel geschnitten
200 g Serrano-Schinken
100 g Zwiebel, fein gehackt
1 Knoblauchzehe, fein gehackt
2 Lorbeerblätter
1 Bund Petersilie, fein gehackt
250 ml heller, trockener Sherry Fino
60 ml Olivenöl extra vergine
50 g Butter
schwarzer Pfeffer aus der Mühe

Holzspießchen

GEBRATENE KALBSNIEREN-SERRANO-SPIESSCHEN SHERRY-SAUCE

ZUBEREITUNG

Kalbsnierenstücke in heißem Olivenöl kroß anbraten (nicht salzen!) und mit schwarzem Pfeffer aus der Mühle abschmecken. Beiseite stellen und fünf Minuten ruhen lassen.
Kalbsnierenstücke nun in Serrano-Schinken einwickeln und aufspießen.
Dann Zwiebeln, Lorbeerblätter und Knoblauch unter ständigem Rühren in Butter glasig dünsten, keine Farbe nehmen lassen, mit dem Sherry ablöschen und zu leicht sämiger Konsistenz einkochen.
Die Nierenspieße und die Petersilie hinzugeben, ca. 1–2 Minuten miteinander schmoren lassen und sofort mit Weißbrot servieren.

ZUTATEN

12 mittelgroße Hummerkrabben oder Scampis in der Schale
24 große, geputzte Miesmuscheln
250 g Chorizo (knoblauchhaltige, scharfe spanische Wurst)
6 vordere Hühnerkeulen
100 g Zwiebeln, fein gehackt
2 Knoblauchzehen, fein gehackt
1 rote Paprikaschote ohne Samenstand, in Streifen von 4 cm Länge und ½ cm Breite geschnitten
2 große Fleischtomaten, geschält, entkernt und fein gehackt
150 g frische grüne Erbsen (oder tiefgekühlt)
1 l Fisch- oder Gemüsebrühe
350 g Langkornreis, ungekocht
2–3 g Safranfäden oder -pulver
2 Zitronen, gesechstelt
Olivenöl extra vergine
Meersalz
schwarzer Pfeffer aus der Mühle

Paella-Pfanne von 35 cm Ø
und 5–6 cm Randhöhe
oder eine Kasserolle mit ähnlichen Maßen

PAELLA MIT HUMMERKRABBEN UND HUHN

ZUBEREITUNG

Die Hummerkrabben mit Schale der Länge nach durchschneiden, dann den am Rücken liegenden Darm entfernen, gründlich waschen. Die Hähnchenkeulen gut salzen und pfeffern, die Chorizo in feine Scheiben schneiden. Nun die Hühnerkeulen in einer Pfanne mit Olivenöl von allen Seiten goldgelb anbraten, beiseite stellen.
In dasselbe Öl die Hummerkrabben geben und auf der Schalenseite kroß braten, bis sie eine rosa Farbe annehmen. Ebenfalls beiseite stellen.

Sofrito (Würzsauce)

Nun das Öl weggießen und durch neues ersetzen, die Pfanne vorher nicht reinigen. Zwiebeln, Knoblauch, Paprikaschoten, Tomaten und Chorizoscheiben hineingeben und miteinander schmoren, bis die Flüssigkeit in der Pfanne eingekocht ist. Die fertige Sofrito beiseite stellen.

Eine halbe Stunde vor Anrichten der Paella den Ofen auf 200° C vorheizen, in der Paella-Pfanne die Sofrito mit Reis, Salz und Safran vermengen, die kochende Brühe hinzugießen und unter ständigem Rühren bei großer Hitze aufkochen. Sofort vom Feuer nehmen, wenn nötig noch etwas abschmecken. Hummerkrabben, Huhn, Miesmuscheln und Erbsen auf die Reispfanne geben und für 25–30 Minuten in das Ofenrohr stellen, bis der Reis die gesamte Flüssigkeit aufgesaugt hat. Sobald die Paella im Rohr steht, sollte sie nicht mehr gerührt werden. Wenn das Reiskorn gar, aber nicht weich ist, die Paella aus dem Ofen nehmen und noch 5–8 Minuten ziehen lassen, dann mit den Zitronenspalten garnieren und servieren.

ZUTATEN

300 g junger Manchego
(spanischer Schafskäse),
fein gerieben
400 g Zucker
1 l Sahne
10 Eier

TORTA IMPERIAL DE QUESO

ZUBEREITUNG

200 g Zucker karamelisieren, in eine feuerfeste Form gießen und diese damit ausstreichen.
Die Eier und den restlichen Zucker sowie Käse und Sahne kräftig miteinander aufschlagen und in die karamelisierte Form gießen. Im vorgeheizten Ofen bei ca. 180° C 25 bis 30 Minuten ausbacken.
Ausgekühlt mit einem Gläschen *Coto De Hayas Moscatel* (spanischer Süßwein) servieren.

Sherry

Xeris, der arabische Name für die Stadt Jerez, von den Engländern nicht aussprechbar und daher von ihnen Sherry genannt, war im Mittelalter ein internationaler Handelsplatz mit großen Bodegas. Von Jerez de la Frontera, wie die Stadt genau heißt, begann der weltweite Siegeszug des Königs aller Süßweine.

Der erste Schritt zum späteren Sherry besteht darin, aus der *Palomino*-Traube einen trockenen Weißwein zu vergären. Bereits an der Kelter entscheidet der Kellermeister, welcher Sherry-Typ aus den angelieferten Trauben entstehen soll. Nachdem der fertige Weißwein in alte amerikanische Eichenfässer, die sogenannten Botas (600 l), gefüllt wurde, klassifiziert man ihn nach einer Verkostung ein zweites Mal mit folgenden Bezeichnungen: ein Kreidestrich für die feinsten und elegantesten Weine zur Ausreifung von Finos, Manzanillas und Amontillados; ein Strich und Punkt für Weine mit mehr Körper zur Ausreifung von Olorosos; zwei Striche für Weine, die nicht für Fino bestimmt sind und je nach Weiterentwicklung nachklassifiziert werden müssen; drei Striche für Weine von minderer Qualität, die zur Destillation verwendet werden.

Sind die Fässer bestimmt, wird dem Wein, je nach angestrebtem Sherry-Typ, in unterschiedlicher Stärke Weinbrand zugeführt: 15 bis 15,5 Vol.-% für spätere Finos und Manzanillas, etwa 17,5 Vol.-% für Olorosos. Die Fässer kommen nun in den Jahrgangskeller, wo sie je nach Typ unterschiedlich lange ruhen, bevor sie in das berühmte Solera-System eingespeist werden, das ihnen durch ständiges Verschneiden junger mit älteren Weinen den typischen Charakter des Sherrys verleiht.

SHERRY-TYPEN

FINO
Ein trockener, heller Sherry, unter Flor gereift, der leichteste und feinste aller Sherrys, mit leichtem Mandelaroma, gut gekühlt als Apéritif getrunken.

AMONTILLADO
Ein gut gelagerter trockener Fino, bernsteinfarben, mit Nuß- und Eichenholzgeschmack.

MANZANILLA
Ein besonders leichter und heller Fino aus Sanlúcar de Barrameda. Sherry aus Bodegas am Meer besitzen eine eigentümliche, scharfe, salzige Note.

OLOROSO
Ein körperreicher, trockener Sherry mit Tiefe und Aromen von Früchten und Nüssen.

Jamón Iberico de Bellota – Iberischer Eichelschinken

Das Schwein wird nirgendwo so geliebt wie in Spanien, aber es ist auch eine praktische Liebe: »A cada puerco le llega su San Martin«, so heißt ein spanisches Sprichwort: »Für jedes Schwein kommt einmal ein Martinstag.«

Das iberische Schwein – der Uradel unter den Schweinen dieser Welt – ist ein in den Eichenhainen Andalusiens und der Estremadura heimisches halbwildes Schwein. Es liefert den wohl teuersten und nach Ansicht vieler auch mit Abstand besten Schinken der Welt.

Gewicht verbringen die *patas negras* eine bestimmte Zeit im Meersalz, bevor sie in Trockenhallen an der frischen Luft der Sierra de Jabugo abhängen. Bei dieser Prozedur nimmt der Schinken eine dunkle Farbe an, das Fleisch schwitzt, und der besondere Geschmack sowie das Aroma beginnen sich zu entwickeln. Dies kann je nach Größe zwei bis drei Jahre dauern.
Die Reifeprüfung erfolgt, indem der Fachmann eine Nadel aus Pferdeknochen ins Fleisch sticht und daran riecht.
Ist der Schinken reif, beginnt die Wissenschaft des Schinkenschnittes mittels eines

Die Schweine werden nach Herkunft und Jahrgang beurteilt, wie teure Weine. Dies liegt an einer von November bis Januar andauernden Eichel-Intensivkur. In dieser Zeit fressen die Tiere mindestens zehn Kilo Eicheln, Kräuter und Gräser pro Tag und werden so 160 bis 180 kg schwer.
Nach der Schlachtung werden die Hinterbeine (nur diese dürfen sich später *Jamón* nennen) in Meersalz eingegraben. Je nach

eigenen Schinkenmessers, welches den in den Schinkenschraubstock eingeklemmten Jamón in hauchdünne Gaumenfreuden verwandelt.
Heutzutage läßt sich Seine Majestät Juan Carlos I. gerne mal einen *Iberico Bellota* auftischen – Adel verpflichtet...

Dank

In erster Linie möchte ich mich bei meiner Familie, insbesondere bei Andrea, meiner Lebensgefährtin und Mutter unserer Kinder, dafür bedanken, daß sie mir Zeit und Ruhe geschaffen hat, um dieses Buch entstehen zu lassen; sowie bei meiner Tochter Zarah und meinem Sohn Marvin für ihre tatkräftige Mithilfe.
Es versteht sich von selbst, daß die künstlerische Zusammenarbeit mit Hans Magnus Enzensberger mir persönlich eine große Ehre und Freude war.
Im folgenden möchte ich einigen Menschen dafür danken, daß sie mich bei diesem Buch mit Rat und Tat unterstützt haben.
Im besonderen meiner Schreibfee Britta Schwarz,
Claudia Babl für ihre handschriftlichen Kunstwerke,
meinem Bruder „Siggi", ohne dessen besondere Umstände dieses Buch nicht zustande gekommen wäre,
Oma Holzheu für ihre außerordentliche Beratung, die heimische Küche betreffend,
Familie Keck, im besonderen Hausherrin Erika, die ihre schöne altbayerische Küche zur Verfügung gestellt hat,
Familie Kirschbaumer, im besonderen der hübschen Magdalena sowie ihrer Tante, für die Beratung zu den polnischen Küchenkunstwerken,
meinem italienischen Freund und Pastakoch Abramo,
Katharina Enzensberger, die die Idee meines Buches stets unterstützt und gefördert hat,
Rainer Maria Wieshammer, Apotheker und Alchimist, für besondere Essenzen und Rezepturen
(Savoy-Apotheke, Tengstraße 16, 80798 München),
der türkischen Familie Atilgan, im besonderen Tamer, Sinan, Mirkan, Hassan sowie allen weiblichen Familienmitgliedern für ihr stets freundliches und zuvorkommendes Wesen
(Adnan's Feinkost, Obst, Gemüse, Spezialitäten, Georgenstraße 83, 80798 München),
Franz Sageder für beste Fleisch- und Wurstqualitäten sowie das eine oder andere Weißbier
(Metzgerei Franz Sageder, Elisabethmarkt Stand 4, 80796 München),
dem Fischmann Thomas Willinger für besondere Beratung und stets frischen Fisch und Meeresfrüchte
(Fluß- und Seefische Thomas Willinger, Elisabethmarkt Stand 15, 80796 München),
Annemarie Barrón für Rezepte und Beratung zur spanischen Küche
(Sancho Panza, Elisabethmarkt Stand 2, 80796 München),
dem Bäckerstift Karl-Heinz Dostler für immer frische Backwaren und einige Ratscherl
(Back-Teng-Clan, Tangstraße 28, 80798 München),
dem Team La Cantina für die freundliche Unterstützung bei den fotografischen Arbeiten sowie für die außerordentlich gute Verköstigung (La Cantina, Loden Frey Gelände, Osterwaldstraße 10, 80805 München, www.lacantina-muc.de),
Karin für ungarische Impressionen; Tom, Rudi, Reinhold, Bettina und Zaz für Recherchen im Bereich Braukunst; Samira und Fidelis Mager für den etwas anderen Blickwinkel, und allen, die ich hier vergessen haben sollte.

Willi Meister dankt:
Sylvia Schindlbeck, für ihre Liebe, ihre Inspiration, Organisation und Unterstützung.
Agnes Heller, Richter Studiogeräte GmbH, Am Riedweg 30, 88682 Salem-Neufrach
Andy, Cracked Kettle, Raamsteg 3, NL-1012 VZ Amsterdam
Bar Roem, Prinsengracht 126, NL-1015 EA Amsterdam
Bürgli Restaurant, Kilchbergstrasse 15, CH-8038 Zürich-Wollishofen
Café-Konditorei Fürst, Alter Markt/Brodgasse 13, A-5020 Salzburg
Café Sperl, Gumpendorfer Straße 11, A-1060 Wien
Café Central, Strauchgasse/Ecke Herrengasse, A-1010 Wien
Casa de Tapas, Bauerstraße 1, 80796 München
De Kaaskamer van Amsterdam, Runstraat 7 NL-1016 GJ Amsterdam
Dem Team der H,T,P, Concept, Gesellschaft für Marketingforschung mbH, Stollbergstraße 15, 80539 München und Rosenstraße 17, 10178 Berlin
Dr. Michaela Wolf und Durmus Dogan
Fake Nieuwenhuis, dem gastfreundlichen Hausbootbesitzer, Amsterdam
Gunter Winhard
Hans de Jong, Glen Fahrn GmbH, Oberdorfstrasse 5, CH-8001 Zürich
Jesper Terkelsen und Petra Obermeier, marpak – solutions for more success – Gräfelfingerstraße 133a, 81375 München
Juha Sipila und seinem Motorrad
Julia und Andrej Thies
Jürgen Cramer, Victoria Bar, Potsdamer Straße 102, 10785 Berlin
K. u. K. Hofzuckerbäckerei, Ch. Demel's Söhne GmbH, Kohlmarkt 14, A-1010 Wien
Kenneth Gjerrud, Sven Pense und Evi Frey, Norwegisches Restaurant Munch's Hus, Bülowstraße 66, 10784 Berlin-Schöneberg
Klaus Strasser, Blumenladen Unverblümt, Liebherrstraße 8, 80538 München
L'Atelier Art & Vin, Westenrieder Straße 43, 80331 München

Dank

In erster Linie möchte ich mich bei meiner Familie, insbesondere bei Andrea, meiner Lebensgefährtin und Mutter unserer Kinder, dafür bedanken, daß sie mir Zeit und Ruhe geschaffen hat, um dieses Buch entstehen zu lassen; sowie bei meiner Tochter Zarah und meinem Sohn Marvin für ihre tatkräftige Mithilfe.

Es versteht sich von selbst, daß die künstlerische Zusammenarbeit mit Hans Magnus Enzensberger mir persönlich eine große Ehre und Freude war.

Im folgenden möchte ich einigen Menschen dafür danken, daß sie mich bei diesem Buch mit Rat und Tat unterstützt haben.

Im besonderen meiner Schreibfee Britta Schwarz, Claudia Babl für ihre handschriftlichen Kunstwerke, meinem Bruder „Siggi“, ohne dessen besondere Umstände dieses Buch nicht zustande gekommen wäre, Oma Holzheu für ihre außerordentliche Beratung, die heimische Küche betreffend,
Familie Keck, im besonderen Hausherrin Erika, die ihre schöne altbayerische Küche zur Verfügung gestellt hat,
Familie Kirschbaumer, im besonderen der hübschen Magdalena sowie ihrer Tante, für die Beratung zu den polnischen Küchenkunstwerken,
meinem italienischen Freund und Pastakoch Abramo,
Katharina Enzensberger, die die Idee meines Buches stets unterstützt und gefördert hat,
Rainer Maria Wieshammer, Apotheker und Alchimist, für besondere Essenzen und Rezepturen (Savoy-Apotheke, Tengstraße 16, 80798 München),
der türkischen Familie Atilgan, im besonderen Tamer, Sinan, Mirkan, Hassan sowie allen weiblichen Familienmitgliedern für ihr stets freundliches und zuvorkommendes Wesen (Adnan's Feinkost, Obst, Gemüse, Spezialitäten, Georgenstraße 83, 80798 München),
Franz Sageder für beste Fleisch- und Wurstqualitäten sowie das eine oder andere Weißbier (Metzgerei Franz Sageder, Elisabethmarkt Stand 4, 80796 München),
dem Fischmann Thomas Willinger für besondere Beratung und stets frischen Fisch und Meeresfrüchte (Fluß- und Seefische Thomas Willinger, Elisabethmarkt Stand 15, 80796 München),
Annemarie Barrón für Rezepte und Beratung zur spanischen Küche (Sancho Panza, Elisabethmarkt Stand 2, 80796 München),
dem Bäckerstift Karl-Heinz Dostler für immer frische Backwaren und einige Ratscherl (Back-Teng-Clan, Tangstraße 28, 80798 München),
dem Team La Cantina für die freundliche Unterstützung bei den fotografischen Arbeiten sowie für die außerordentlich gute Verköstigung (La Cantina, Loden Frey Gelände, Osterwaldstraße 10, 80805 München, www.lacantina-muc.de),
Karin für ungarische Impressionen; Tom, Rudi, Reinhold, Bettina und Zaz für Recherchen im Bereich Braukunst; Samira und Fidelis Mager für den etwas anderen Blickwinkel, und allen, die ich hier vergessen haben sollte.

Willi Meister dankt:
Sylvia Schindlbeck, für ihre Liebe, ihre Inspiration, Organisation und Unterstützung.
Agnes Heller, Richter Studiogeräte GmbH, Am Riedweg 30, 88682 Salem-Neufrach
Andy, Cracked Kettle, Raamsteg 3, NL-1012 VZ Amsterdam
Bar Roem, Prinsengracht 126, NL-1015 EA Amsterdam
Bürgli Restaurant, Kilchbergstrasse 15, CH-8038 Zürich-Wollishofen
Café-Konditorei Fürst, Alter Markt/Brodgasse 13, A-5020 Salzburg
Café Sperl, Gumpendorfer Straße 11, A-1060 Wien
Café Central, Strauchgasse/Ecke Herrengasse, A-1010 Wien
Casa de Tapas, Bauerstraße 1, 80796 München
De Kaaskamer van Amsterdam, Runstraat 7 NL-1016 GJ Amsterdam
Dem Team der H,T,P, Concept, Gesellschaft für Marketingforschung mbH, Stollbergstraße 15, 80539 München und Rosenstraße 17, 10178 Berlin
Dr. Michaela Wolf und Durmus Dogan
Fake Nieuwenhuis, dem gastfreundlichen Hausbootbesitzer, Amsterdam
Gunter Winhard
Hans de Jong, Glen Fahrn GmbH, Oberdorfstrasse 5, CH-8001 Zürich
Jesper Terkelsen und Petra Obermeier, marpak – solutions for more success – Gräfelfingerstraße 133a, 81375 München
Juha Sipila und seinem Motorrad
Julia und Andrej Thies
Jürgen Cramer, Victoria Bar, Potsdamer Straße 102, 10785 Berlin
K. u. K. Hofzuckerbäckerei, Ch. Demel's Söhne GmbH, Kohlmarkt 14, A-1010 Wien
Kenneth Gjerrud, Sven Pense und Evi Frey, Norwegisches Restaurant Munch's Hus, Bülowstraße 66, 10784 Berlin-Schöneberg
Klaus Strasser, Blumenladen Unverblümt, Liebherrstraße 8, 80538 München
L'Atelier Art & Vin, Westenrieder Straße 43, 80331 München

Made in Portugal, Feinkost-Spezialitäten-Delikatessen-Wein, Karl-Theodor-Straße 18a,
80803 München
Marta Howald, Confiserie Sprüngli,
Bahnhofstrasse 21, CH-8022 Zürich
Moritz und Martina Biedermann
Osteria Italiana, Schellingstraße 62,
80799 München
Ristorante Il fiore, Blutenburgstraße 37,
80636 München
Sean Branigan, Freie Weingärtner Wachau,
A-3601 Dürnstein
Stolberg Schokoladen, Ledererstraße 10,
80331 München
Sven Arn
Thomas Schindlbeck
Uta und Hans Schindlbeck
Ute Giesecke
Uwe Söldner
V. Piližota, Dalmatino Vinoteka Konoba, Fra Nikole Ružia 1, HR-22000 Šibenik
Vera Zeleny, Concept Zürich AG, Lavaterstrasse 83,
CH-8002 Zürich
Walter Hüppi, Gentner Weine, Limmatquai 6,
CH-8001 Zürich
Weingut Brustbauer, Oberloiben 2,
A-3601 Dürnstein/Wachau
Wijnwinkel – Wijntapperij Quinta Nieuwe Leliestraat 4
NL-1015 SP Amsterdam
Wolfram Struth und dem kompetenten Team der Spirituosenabteilung von Galeria Kaufhof,
Kaufinger Straße 1–5, 80331 München

...und allen, die das Projekt unterstützt haben.

Impressum

Bibliografische Information
der Deutschen Nationalbibliothek
Die Deutsche Nationalbibliothek
verzeichnet diese Publikation in der
Deutschen Nationalbibliografie;
detaillierte bibliografische Daten sind im Internet über http://dnb.d-nb.de abrufbar.

1. Auflage

Buchgestaltung, Umschlag, Layout, Satz:
Klaus Meyer und Tabea Dietrich, München,
www.klaus-meyer-umkreis.de
Lektorat: Brigitte Hilzensauer
Reprographie: Jesper Terkelsen, Marpak,
München,
www..marpak.de
Druck und Bindung: Grasl Druck & Neue
Medien, Bad Vöslau

ISBN 978-3-85033-045-9

Christian Brandstätter Verlag
GmbH & Co KG
A-1080 Wien, Wickenburggasse 26
Telefon (+43-1) 512 15 43-0
Telefax (+43-1) 512 15 43-231
E-Mail: info@cbv.at
www.cbv.at